월가의 정보를 수익으로 바꾸는

박종훈의

미국주식투자

레시피

박종훈의 미국주식투자 레시피

초판 1쇄 발행 2026년 4월 30일

지은이 박종훈

펴낸이 조기흠
총괄 이수동 / **책임편집** 유지윤 / **기획편집** 박의성, 최진, 이지은
마케팅 박태규, 임은희, 김예인, 김선영 / **제작** 박성우, 김정우
교정교열 남은영 / **디자인** 박정현

펴낸곳 한빛비즈(주) / **주소** 서울시 서대문구 연희로2길 76, 5층
전화 02-325-5506 / **팩스** 02-326-1566
등록 2008년 1월 14일 제 25100-2017-000062호

ISBN 979-11-5784-877-5 13320

이 책에 대한 의견이나 오탈자 및 잘못된 내용은 출판사 홈페이지나 아래 이메일로 알려주십시오.
파본은 구매처에서 교환하실 수 있습니다. 책값은 뒤표지에 표시되어 있습니다.

🏠 hanbitbiz.com ✉ hanbitbiz@hanbit.co.kr ⨍ facebook.com/hanbitbiz
ℕ blog.naver.com/hanbit_biz ▶ youtube.com/한빛비즈 ⓘ instagram.com/hanbitbiz

지금 하지 않으면 할 수 없는 일이 있습니다.
책으로 펴내고 싶은 아이디어나 원고를 메일(hanbitbiz@hanbit.co.kr)로 보내주세요.
한빛비즈는 여러분의 소중한 경험과 지식을 기다리고 있습니다.

월가의 정보를 수익으로 바꾸는

박종훈의 미국주식투자 레시피

박종훈 지음

한빛비즈
Hanbit Biz, Inc.

투자 실력을 키우는 가장 강력한 무기

새벽 3시 50분, 알람이 울린다. 아직 잠이 덜 깬 상태에서 10분 정도 누워서 스마트폰을 켜고 미국 시장 상황을 빠르게 확인한다. 뉴스 헤드라인을 훑어보고 가장 많이 언급된 기사를 중심으로 내용을 쭉 읽어 내려간다. 몇몇 데이터나 헤드라인은 방송 자료를 위해 캡처해둔다. 출근길에는 블룸버그 라이브 방송을 들으며 미국 현지에서 중요하게 보는 시장 포인트를 체크한다. 그렇게 핵심 내용을 머릿속에 정리하고 방송의 흐름을 그리다 보면, 어느새 회사 주차장에 도착해 있다. 그리고 사무실에서 한 번 더 생각을 정리한 후 40~50장 분량의 PPT를 작성한다. 내가 매일 반복하는 아침 루틴이다.

오늘 미국을 움직인 뉴스는 무엇인가?

그중 가장 핵심적인 메시지는 무엇인가?

오늘의 시장 움직임은 단순 소음(노이즈)인가, 중요한 가치(펀더멘털) 변화인가?

오늘의 시장을 단 하나의 사진으로 표현한다면 무엇일까?

현재 시장을 지탱하는 핵심 데이터는 무엇인가?

오늘 뉴스를 어떻게 전달해야 지루하지 않고 재미있을까?

마지막으로 시장 흐름을 어떻게 정리할까?

이처럼 수많은 고민을 거쳐 아침 방송이 완성된다. 결국 내가 붙잡고 있는 질문은 하나다. '정보와 재미'를 어떻게 균형 있게 담아내고, 이를 대중에게 명확하게 전달해 '경제'라는 콘텐츠도 충분히 흥미로울 수 있다는 사실을 느끼게 할 것인가. 이 고민은 이 책에서도 그대로 이어진다.

그에 앞서 투자에서 가장 기본적인 질문부터 해보자.

"왜 우리는 뉴스를 보는가?"

단순히 어제 테슬라가 몇 퍼센트 올랐는지 확인하기 위해서라면 군이 귀한 시간을 내어 뉴스를 읽을 필요가 없다. 투자의 관점에서 뉴스를 활용한다는 것은, 숫자 뒤에 숨겨진 '동력dynamic'을 읽어내는 과정이다. 주가가 움직인 이유가 일시적인 노이즈 때문인지, 아니면 기업의 펀더멘털이 변하는 거대한 흐름이 시작되어서인지를 구분해내는 눈을 갖는 것이 중요하다. 그것이 바로 성공하는 투자자의 첫 조건이다.

바쁜 현대인이 하루 종일 모니터 앞에 앉아, 유행하는 투자 서적을 여러 권 쌓아두고 공부해가며 투자하는 것은 쉽지 않다. 나처럼 본업과 투자를 병행하는 사람에게 중요한 일은 따로 있다. 주어진 핵심 정보를 빠르게 읽고 올바르게 해석하는 것, 그리고 단기 트레이딩에 치우치기보다 중장기적인 관점에서 시장의 큰 흐름을 짚어 현재가 상승 추세인지 하락 추세인지 냉정하게 판단하는 것이 필요하다.

시대는 늘 빠르게 변한다. 이 책에 담긴 정보 역시 몇 년이 지나면 달라질 수 있다. 하지만 변화는 방향의 확장일 뿐, 이 책이 말하는 핵심 내용과 맥락 자체가 크게 흔들리지는 않을 것이다. 또한 뉴스를 전달하는 주요 매체 역시 갑작스럽게 완전히 바뀌기보다는 점진적으로 진화해간다. 새로운 매체가 등장하더라도 우리는 자연스럽게 그것을 익히고, 또 하나의 도구로 받아들이며 적응해갈 것이다.

투자는 확률 높은 선택을 반복하는 경제 행위이다. 그 확률을 높이는 가장 확실한 길, 그리고 다른 누군가에게 의존하지 않고 나만의 투자 방향을 세우는 방법은 결국 뉴스를 받아들이는 방식에 달려 있다. 관건은 정보를 얼마나 합리적으로 해석하고 시장의 관점에서 바라볼 수 있는지에 있다.

무슨 일이든 시간을 투자해야 하고 훈련이 필요하다. 투자도 마찬가지다. 이 책이 유일한 답이 될 수는 없지만 매일 30분씩 뉴스를 읽고 해석하는 훈련을 이어가다 보면 점점 단단한 인사이트로 쌓인다. 그리고 결국 그 인사이트가 당신의 자산을 지키고 키우는 가장 강력한 무기가 될 것이다.

앞으로 세상은 우리가 생각하는 것보다 더 치열하고 복잡하며 자극적으로 움직일 것이다. 미래를 이끌어갈 젊은 세대는 AI 기술 발달 속에서 노동의 가치보다 자본의 가치를 더 중요하게 인식할 가능성이 크다. 진정한 자본의 가치는 부모가 손에 쥐여주는 돈이 아니라, 스스로 체감하며 이해하는 데서 시작된다. 내가 마시는 음료수, 24시간 손에서 놓지 않는 스마트폰, 일상을 돕는 AI 에이전트까지 이 모든 것이 결국 세상을 움직이는 기업과 그들이 만들어낸 혁신이라는 사실을 스스로 느낄 수 있어야 한다. 뉴스를 단순히 읽고 소비하는 데 그치지 말고, '나의 철학'이라는 필터로 걸러내야 한다. 그렇게 걸러진 정보가 차곡차곡 쌓이면 결국 나만의 인사이트가 된다. 그리고 세상을 바라보는 시선과 나의 판단이 점점 맞아떨어질 때, 비로소 성공적인 투자로 이어진다.

이 책에는 내가 뉴스를 읽고 해석하며 쌓아온 통찰과, 지금 시장을 움직이는 최신 흐름이 함께 담겨 있다. 투자할 때 모든 독자가 정보의 흐름에서 뒤처지지 않는 데 도움이 되기를 바란다. 특히 초보 투자자라면 이 책을 통해 '무엇을 봐야 하는지'뿐만 아니라 '어떻게 해석해야 하는지'까지 익힐 수 있을 것이다.

아이러니하게도 이 책을 쓰면서, 나 같은 사람이 진행하는 방송을 굳이 챙겨서 보지 않더라도 스스로 정보를 얻고 판단할 수 있는 방법을 모두 담아냈다. 적어도 시장을 바라보는 기준은 이 책 한 권으로 분명히 달라질 것이다.

만 2살인 아들 박로이와 10개월 된 딸 박제나의 분윳값이라도 벌어보자는 마음으로 작은 지식이나마 책에 옮기기 시작했지만, 글을 쓰는 내내 누군가에게 도움이 되기를 바라는 진심을 담았다. 사랑하는 아들과 딸의 찬란하고 멋진 인생 여정에 변함없는 등불이 될 수 있기를 바라며, 늘 곁에서 현명한 조언과 든든한 힘이 되어준 사랑하는 아내 김형선에게 이 책을 바친다.

2026년 4월
박종훈

차례

제1부
뉴스를 읽어야
시장을 이긴다

제2부
투자자는 어디서
무엇을 봐야 하는가

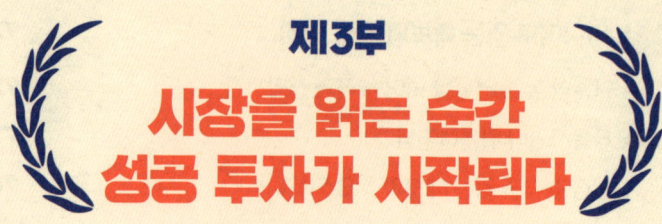

제3부

시장을 읽는 순간 성공 투자가 시작된다

제1부

뉴스를 읽어야
시장을 이긴다

1장 | 뉴스는 투자의 나침반

투자자에게 뉴스는 전쟁터의 무기와 같다. 음악가에게는 악보가, 육상선수에게는 러닝화가 필요한 것과 같은 이치다. 물론 악보 없이도 연주할 수 있고, 맨발로도 달릴 수 있다. 하지만 그런 방식으로 꾸준히 좋은 성과를 내기는 어렵다. 마찬가지로 뉴스를 외면하는 투자자는 시장에서 오래 살아남기 힘들다.

시장은 매일같이 새로운 변수로 움직인다. 금리 인상, 정부 정책 변화, 기업의 실적 발표, 글로벌 경제 이슈 등 수많은 사건이 주가에 즉각적인 영향을 미친다. 이러한 흐름을 알려주는 것이 바로 뉴스다. 뉴스를 외면한 채 투자에 나서는 것은, 거센 파도가 이는 바다에서 나침반과 지도 없이 항해하는 것과 같다. 지금 시장 참여자들이 어디에 주목하고 있는지, 자금이 어떤 산업과 기업으로 흘러가고 있는지를 모른다면, 방향 감각을 잃고 표류하기 쉽다.

특히 초보 투자자일수록 뉴스의 역할은 더욱 중요하다. 뉴스는 단순한 정보의 나열이 아니라, 시장의 분위기와 자금의 흐름, 그리고 투자 심리를 읽을 수 있는 창이다. 어떤 산업이 성장 국면에 들어섰는지, 어떤 리스크가 부각되고 있는지, 대중의 기대와 우려가 어디에 모이고 있는지를 이해하는 출발점이 된다.

물론 뉴스를 무작정 많이 읽는다고 해서 곧바로 수익이 보장되는 것은 아니다. 중요한 것은 '읽는 것'이 아니라 '해석하는 것'이다. 같은 기사라도 어떤 관점에서 바라보느냐에 따라 전혀 다른 투자 판단으로 이어진다. 따라서 뉴스는 소비하는 정보가 아니라, 분석하고 연결해야 할 재료라고 이해하는 것이 바람직하다.

주식 투자자에게 뉴스는 선택 사항이 아니라 필수 요소다. 시장이라는 치열한 경쟁의 장에서 살아남는 것을 넘어 꾸준한 성과를 내기 위해서는 뉴스라는 무기를 올바르게 활용해야 한다. 그것은 자산을 지키는 방패이자, 새로운 기회를 포착하는 창이 된다. 주식 투자의 첫걸음은 종목을 고르는 것이 아니라, 시장의 언어를 배우는 일이다. 그 언어의 가장 기본이 바로 뉴스다.

왜 뉴스가 중요한가?

뉴스는 단순한 정보 전달 수단을 넘어선다. 전 세계에서 발생하는 정치·경제적 사건, 각국의 통화 및 재정 정책, 기업의 실적과 전략 변화, 그리고 시장을 움직이는 주요 인사들의 발언까지, 이 모든 요소를 가장 빠르게 연결해주는 통로다.

더 나아가 뉴스는 '무엇을 보도할 것인가'를 선택하는 과정에서 이미 시장의 관심을 특정 방향으로 집중시킨다. 특정 이슈가 반복적으로 노출되면 투자자들의 인식이 강화되고, 이는 곧 시장 심리로 번진다. 뉴스는 단순한 기록자가 아니라, 시장 분위기를 형성하고 투자 심리를 증폭시키는 촉매 역할을 하기도 한다.

가치투자의 창시자인 벤저민 그레이엄Benjamin Graham은 저서 《현명한 투자자》에서 뉴스가 기업의 내재가치 변화나 사업 환경의 흐름을 파악하는 데 유용하다고 보았다. 동시에 그는 이에 대해 경고도 덧붙였다. 자극적인 헤드라인이 만들어내는 일시적 열기나 공포에 휩쓸려서는 안 된다는 것이다. 뉴스는 참고 자료일 뿐, 판단을 대신해주는 기준은 아니라는 점을 분명히 했다.

워런 버핏 역시 뉴스를 기업 분석의 보조 자료로 활용했다. 그러나 그는 시장이 비관적 기사에 과도하게 반응해 공포에 빠질 때를 오히려 기회로 삼았다. 그의 유명한 격언, "타인이 탐욕을 부릴 때 두려워하고, 타인이 두려워할 때 탐욕을 부려라"는 뉴스가 만들어 낸 집단 심리를 역이용하는 전략을 압축적으로 보여준다. 뉴스는 공포를 증폭하기도 하지만, 동시에 냉정한 투자자에게는 할인된 가격에 우량 자산을 매수할 신호가 되기도 한다.

전설적인 펀드매니저 피터 린치 또한 뉴스의 중요성을 강조했다. 그는 일상의 기사와 산업 관련 보도 속에서 투자 아이디어의 단서를 발견하되, 단기적인 시장 전망이나 과도한 정보 홍수에 휘둘리지 말라고 조언했다. 뉴스는 출발점일 뿐, 반드시 추가적인 재무 분석과 현장 조사로 이어져야 한다는 점을 분명히 했다.

투자의 대가들이 공통적으로 전하는 메시지는 명확하다. 뉴스를 무시해서도 안 되지만, 맹신해서도 안 된다는 것. 중요한 점은 뉴스를 통해 시장의 맥박을 읽는 과정에서 감정이 아니라 원칙과 데이터에 근거해 판단하는 능력이다.

뉴스를 읽는다는 것은 단순히 사건을 아는 것이 아니다. 그것은 자금의 흐름과 투자 심리의 변화를 감지하는 과정이며, 혼란 속에서도 기회를 식별할 수 있는 안목을 기르는 훈련이다. 주식 투자에서 뉴스는 노이즈가 될 수도 있지만, 올바르게 활용한다면 강력한 투자의 나침반이 된다.

시장 선택의 기준은 뉴스다

"역사적으로 보면 미국 시장이지만 지금은 한국 시장이 더 매력적으로 보입니다. 도대체 어느 시장에서 주식 투자를 시작하면 좋을까요?"

요즘 들어 가장 많이 받는 질문이다. 그때마다 내 대답은 간단명료하다.

"뉴스를 꾸준히 읽으세요."

대부분은 기대와 다른 답변에 실망한다. 특별한 종목 추천이나 비밀 전략을 원하기 때문이다. 그러나 투자의 출발점은 언제나 시장의 흐름을 읽는 데 있다. 강물의 방향을 모른 채 노를 젓는다면 목적지에 도달하기 어렵듯, 글로벌 자금이 어디로 이동하고 있는지 이해하지 못하면 어떤 시장에 투자해야 할지조차 제대로 판단하기 어렵다.

- 어느 나라 시장에 투자할 것인가? (예: 한국 주식 vs 미국 주식 vs 신흥국 시장)
- 어떤 자산시장에 투자할 것인가? (예: 주식 vs 채권 vs 원자재 vs 부동산)
- 어떤 섹터나 산업에 투자할 것인가? (예: 반도체, AI, 에너지 등)

그 거대한 흐름이 가장 먼저 드러나는 곳이 바로 뉴스다. 실제로 금융시장의 굵직한 변곡점은 언제나 뉴스에서 시작되었다. 2023년 9월, 유럽 증시에서는 상징적인 장면이 연출됐다. 2년 반 동안 시가총액 1위를 지켜오던 LVMH(루이비통의 모회사)의 자리를 노보노디스크제약이 탈환한 것이다.

계기는 명확했다. 노보노디스크의 비만 치료제 '위고비Wegovy'가 심혈관 질환 위험을 20퍼센트 낮춘다는 임상 결과가 발표되었다는 뉴스였다. 이 보도는 단순한 신약 성공 소식을 넘어섰다. 비만 치료를 넘어 만성 질환의 예방으로까지 확장될 수 있다는 기대가 형성되면서, 인류의 건강 관리 패러다임이 바뀔 수 있다는 거대한 서사가 만들어졌다.

시장은 즉각 반응했다. 투자자들은 한발 더 나아가 생각했다. "만약 식욕이 감소하고 체중 관리가 일상화된다면 소비 패턴은 어떻게 달라질까?" 이 질문은 곧바로 전통 소비재 기업들로 향했다. 펩시코, 코카콜라, 월마트 같은 기업들의 주가는 이러한 전망을 반영하며 출렁였다.

이 사례는 뉴스가 단순한 정보 전달을 넘어, 산업 지형과 자금 흐름을 재편하는 '트리거'가 될 수 있음을 보여준다. 한 줄의 임상 결과 발표가 헬스케어 산업뿐 아니라 식품, 유통, 소비재 전반에 연쇄적인 파급 효과를 일으킨 것이다.

시장을 선택하는 기준도 뉴스에서 출발한다. 어느 국가가 정책적으로 어떤 특정 산업을 밀어주고 있는지, 어떤 기술이 제도적 지원을 받고 있는지, 어떤 산업이 규제 리스크에 노출되어 있는지 등 뉴스를 통해 모든 정보를 파악할 수 있다.

투자를 위해서는 종목을 고르는 행위 이전에, '어느 시점에 투자할 것인가'를 먼저 결정해야 한다. 그리고 그 판단의 가장 기초 자료가 바로 뉴스다. 뉴스를 읽는다는 것은 그저 자신이 관심 있는 사건에만 한눈을 파는 일이 아니라, 금융시장의 판이 어떻게 재편되고 있는지를 관찰하는 일이다. 시장 선택의 기준이 흔들리지 않으려면, 뉴스라는 나침반을 먼저 단단히 손에 쥐어야 한다.

투자의 거장들은 뉴스를 어떻게 활용할까?

세계적인 투자자들은 뉴스를 단순한 속보가 아니라, 거시적 흐름을 읽는 단서로 활용했다. 그들에게 뉴스는 '정보의 소비 수단'이 아니라, 시장의 균열을 찾아내는 분석 재료였다.

먼저 조지 소로스는 세계 경제의 큰 흐름을 읽고 투자하는 데 탁월한 안목이 있다고 평가받는다. 그는 〈파이낸셜 타임스〉, 〈더 이코노미스트〉, 〈월스트리트저널〉 등 주요 매체를 통해 각국의 통화 정책과 환율 방어 움직임을 면밀히 추적했다.

1992년, 조지 소로스는 파트너였던 스콧 베센트와 함께 영국 파운드화의 가치가 곧 떨어질 것으로 판단했다. 당시 영국은 유럽 환율 메커니즘European Exchange Rate Mechanism, ERM(유럽 단일통화를 준비하기 위해 유럽 국가들이 각국 통화를 일정한 범위 안에서 서로 고정해 두는 환율 체계)에 가입해 파운드화를 방어해야 했는데, 경제 상황을 고려할 때 그 약속을 계속 지키기 어렵다고 본 것이다. 소로스는 언론 보도에 나타난 정책 신호와 금리, 경기지표 등을 종합적으로 살펴본 뒤 영국 정부가 결국 환율 방어를 포기할 것으로 판단했다. 그래서 파운드화를 빌려 먼저 팔아두는 '공매도(숏 포지션)'에 크게 베팅했다. 이후 실제로 영국이 환율 방어를 포기하면서 파운드화 가치가 급락했고, 소로스는 막대한 수익을 거두었다. 이 사건 이후 그는 '영란은행을 무너뜨린 사나이'라는 별명으로 널리 알려지게 되었다.

'공매도의 대가'로 알려진 짐 차노스도 뉴스에서 투자 기회를 찾아낸 인물이다. 그는 엔론(과거 미국의 에너지 대기업) 사태가 벌어지기 전, 〈월스트리트저널〉에 실린 기사를 읽다가 엔론의 복잡한 회계 구조와 수익을 계산하는 방식에 의문을 품었다. 겉으로는 화려한 성장 기업이었지만, 기사 속 단서들은 재무제표의 불투명성을 암시하고 있었다. 그는 이를 계기로 심층 분석에 들어갔고, 결국 엔론의 회계 부정이 드러나며 회사는 파산에 이르렀다. 차노스의 공매도 전략은 뉴스에서 시작해 치밀한 검증으로 이어진 대표적 성공 사례다.

또 다른 사례로, 그린라이트 캐피털의 데이비드 아인혼은 뉴스로 보도된 정보의 '표현 방식'까지 읽어낸 투자자로 알려져 있다. 그는 2007년부터 리먼 브라더스의 재무 상태를 분석하며, 실적 수치와 경영진의 설명 사이에 존재하는 미묘한 불일치에 주목했다. 당시 시장은 리먼을 여전히 안정적인 투자은행으로 평가했지만, 그는 과도한 레버리지와 부동산 자산 의존도가 위험하다고 판단했다.

2008년 5월 그는 투자자 콘퍼런스에서 리먼의 회계 처리 방식과 손실 인식 지연 문제를 공개적으로 지적하며 경고했다. 특히 자기 자본 대비 지나치게 부풀려진 자산 규모로 인해, 작은 가격 변동에도 쉽게 무너질 수 있는 구조라고 강조했다. 그러나 시장과 언론은 이를 과도한 비관론으로 보는 분위기가 강했다.

결국 2008년 9월 리먼 브라더스는 유동성 위기로 파산했고, 이는 글로벌 금융위기의 촉발점이 되었다. 아인혼의 분석은 단순한 숫자 해석이 아니라, 기업 발표의 '톤'과 변화까지 읽어낸 결과였다. 그는 시장이 가볍게 넘긴 정보 속에서 구조적 위험을 포착했고, 이는 정보 해석의 깊이가 얼마나 중요한지를 보여주는 대표적인 사례로 남았다.

매크로 경제 분석과 추세 추종형 선물 거래 전략으로 유명한 헤지펀드 매니저 폴 튜더 존스 역시 정치·금리·무역 관련 뉴스를 단기 변동성의 '트리거'로 활용했다. 정책 발언 하나, 무역 협상 보도 한 줄이 시장 심리를 급변시킬 수 있다는 점을 이해하고 이를 전략에 반영했다.

이들의 공통점은 분명하다. 뉴스를 곧바로 매매 신호로 사용하지 않았다는 점이다. 대신 뉴스에서 '이상 신호'를 발견하고, 그 뒤에 숨은 구조적 문제나 정책 변화의 가능성을 분석했다. 뉴스의 가치는 속보성도 중요하지만 단순히 정보를 빠르게 전달하는 데에만 있지 않다. 오히려 시장이 간과한 균열을 드러내는 창이자, 과도한 낙관이나 공포가 형성되는 지점을 알려주는 온도계라는 데 있다. 거장들이 보여준 태도를 보면 분명히 알 수 있다. 뉴스를 읽어야 하지만, 헤드라인을 액면 그대로 받아들이지 말고 그 이면의 논리를 파고들라는 것이다. 정보는 누구에게나 공개되어 있다. 그러나 그것을 어떻게 해석하느냐에 따라 같은 뉴스도 위기의 신호가 되기도 하고 기회의 단서가 되기도 한다. 뉴스는 정보일 뿐이다. 그것을 기회로 바꾸는 것은 자신만의 훈련된 해석 능력이다.

2장 | 시그널과 노이즈를 구분하는 법

주식시장은 거대한 이야기의 집합체와 같다. 매일 쏟아지는 뉴스는 단편적인 사건처럼 보이지만, 그 배경에는 산업과 자금, 정책과 심리가 서로 얽혀 흐르는 거대한 물줄기가 존재한다. 뉴스는 하루짜리 이슈로 소비되기도 하고, 때로는 수개월, 수년간 이어질 구조적 변화를 예고하는 '수로'가 되기도 한다.

문제는 모든 뉴스가 똑같은 무게는 아니라는 점이다. 단순히 뉴스를 많이 읽는 것과 시장의 흐름을 바꿀 만한 뉴스를 선별하는 것은 전혀 다른 차원의 역량이다. 정보의 양은 누구나 늘릴 수 있지만, 정보의 질을 가려내는 능력은 훈련을 통해서만 얻어진다.

미국 증시처럼 규모가 크고 글로벌 자금이 집중된 시장에서는 매일 방대한 뉴스가 쏟아진다. 경험이 많지 않은 초보 투자자라면 일정 기간은 가능한 한 많은 기사를 읽으며 시장의 구조와 주요 플레이어, 정책 방향, 산업 트렌드를 익히는 과정이 필요하다. 이 단계에서는 '양'이 곧 학습의 자산이 된다. 그러나 일정 수준 이상 시장의 흐름을 이해하게 되면, 접근 방식은 달라져야 한다. 모든 뉴스를 같은 비중으로 받아들이는 것은 오히려 판단력을 흐릴 수 있다. 그때부터는 질문을 바꾸어야 한다.

- 이 뉴스는 단기 이벤트에 그치는가, 아니면 구조적 변화를 예고하는가?
- 정책, 금리, 통화, 기술 혁신처럼 거시 변수와 연결되는가?
- 특정 기업의 문제가 아니라 산업 전반의 수익 모델을 바꿀 가능성이 있는가?

이러한 기준으로 뉴스를 걸러내는 과정이 바로 '시그널과 노이즈'를 구분하는 훈련이다. 시장은 언제나 노이즈로 가득하다. 자극적인 헤드라인, 과장된 전망, 감정을 자극하는 표현은 투자자의 판단을 흐리기 쉽다. 그러나 진짜 시그널은 대개 조용히 모습을 드러낸다. 정책 문구의 작은 변화, 실적 발표에서 드러난 수익 구조의 변동, 산업 규제 방향의 수정과 같은 미묘한 단서에서 비롯된다.

투자에서 중요한 것은 얼마나 많이 아느냐가 아니라, 무엇이 중요한지를 아는 능력이다. 뉴스는 정보의 바다이지만, 그 안에서 방향을 제시하는 등대는 극히 일부에 불과하다. 2장에서 다루게 될 핵심은 바로 그 등대를 식별하는 법, 즉 시그널과 노이즈를 구분하는 사고 체계를 갖추는 것이다.

노이즈가 되는 뉴스

모든 뉴스가 투자 판단에 의미 있는 것은 아니다. 시장의 장기적 방향성이나 기업의 본질 가치에 실질적인 영향을 주지 못하거나, 이미 시장에 충분히 반영된 사실을 반복하는 보도는 노이즈에 가깝다. 이런 뉴스는 대개 단기 변동성만 자극할 뿐, 합리적인 투자 근거가 되기 어렵다.

대표적인 예가 빅테크 기업을 둘러싼 '반독점 이슈'다. 글로벌 플랫폼 기업들이 시장 지배적 위치에 있다는 사실은 이미 널리 알려져 있다. 규제 당국의 조사, 청문회, 과징금 부과 가능성 같은 뉴스는 수년째 반복된다. 물론 규제는 리스크 요인이지만, 시장은 상당 부분 이를 가격에 반영해왔다. 오히려 일정 수준의 과징금이나 규제 압박은 해당 기업이 산업 내에서 그만큼 강력한 경쟁력을 확보하고 있다는 방증으로 해석되기도 한다.

이처럼 오랜 기간 반복되어 이미 시장의 공감대가 형성된 이슈는 새로운 정보라기보다 '확인 뉴스'에 가깝다. 이미 많은 투자자가 알고 있는 내용을 다시 확인해주는 뉴스일 뿐이다. 이런 뉴스에 과도하게 반응하면 냉정한 판단보다는 감정에 휩쓸린 매매로 이어질 가능성이 크다.

투자자를 흔드는 뉴스 노이즈의 유형

1. 출처가 불분명한 정보

이른바 '카더라'식 보도다. 익명의 관계자 발언, 확인되지 않은 M&A설, 루머성 기술 유출 소식 등은 확산 속도가 빠르지만 신뢰도는 낮다. 특히 중소형주는 이런 뉴스에 급등락하기 쉽지만, 공식 발표가 없으면 대개 제자리로 회귀한다. 검증되지 않은 정보에 선반영으로 대응하는 것은 투기가 될 가능성이 크다.

2. 기업 전략과 무관한 유명인의 발언

정치인, 유명 CEO, 인플루언서의 단편적 발언이 일시적으로 시장을 흔들 수는 있다. 그러나 그 발언이 실제 정책 변화나 실적 구조의 변화를 수반하지 않는다면 지속성은 제한적이다. 발언 자체가 아니라, 그 발언이 제도·수익 모델·현금흐름에 어떤 영향을 주는지가 핵심이다.

3. 사소한 내부 인사이동 및 화제성 인터뷰

임원의 단순 보직 변경, 상징적 의미 이상의 변화가 없는 인터뷰 기사 등은 기업의 본질 가치를 흔들 가능성이 작다. 경영 전략 수정,

자본 구조 변화, 대규모 투자 계획과 연결되지 않는 한 장기적인 투자 판단의 기준이 되기 어렵다.

노이즈의 공통점은 명확하다. 구조적 변화로 이어질 가능성이 작고, 현금흐름이나 시장 점유율, 경쟁 구도에 직접적 영향을 주지 않으며, 이미 다수의 시장 참여자가 알고 있는 정보라는 점이다. 투자자는 뉴스에 '반응'하기 전에 다음과 같이 질문해야 한다.

- 이 정보가 기업의 수익 구조를 바꾸는가?
- 산업의 판도를 재편하는가?
- 정책·금리·공급망처럼 거시 변수와 연결되는가?

이 질문에 명확히 답하지 못한다면, 그 뉴스는 대개 노이즈일 가능성이 크다. 시장은 늘 시끄럽지만, 자산을 증식시키는 것은 소음이 아니라 구조적 신호라는 사실을 잊지 말아야 한다.

시장 흐름을 바꾸는 시그널 뉴스

시장은 언제나 노이즈와 펀더멘털(기초 체력) 사이에서 출렁인다. 전설적인 투자자 앙드레 코스톨라니는 이를 '주인과 개의 산책'에 비유했다. 주인(펀더멘털)이 일정한 방향으로 걸어가면, 개(노이즈)는 앞서거니 뒤서거니 요란하게 움직이지만 결국 도착지는 주인이 향하는 곳이다. 문제는 투자자가 시장 한가운데 서 있을 때, 이 둘을 구분하기가 매우 어렵다는 점이다. 특히 "오늘의 노이즈가 내일의 펀더멘털로 바뀌는 것은 아닐까?"라는 불안이 판단을 흐린다. 그래서 필요한 기준이 하나 있다. "이 뉴스가 1년 뒤 이 기업의 수익 창출 능력에 영향을 주는가?"

이 질문에 '그렇다'고 답할 수 있다면, 그것은 펀더멘털에 영향을 미치는 시그널일 가능성이 크다. 반대로 기업의 매출, 이익, 현금흐름, 시장 지배력에 구조적 변화를 주지 않는다면 일시적 노이즈에 그칠 확률이 높다. 강력한 노이즈는 종종 롤러코스터 같은 변동성을 만들어낸다. 공포와 탐욕을 극단으로 치닫게 하며, 투자자가 본질을 잊게 만든다. 그러나 미국 주식시장에서 중심을 잃지 않기 위해 꼭 기억해야 할 펀더멘털의 중심축은 생각보다 명확하다.

1. 금리 정책 - 연방준비제도이사회의 금리 방향

금리는 자산 가격의 할인율이다. 금리 인상은 유동성을 축소시키고, 금리 인하는 유동성을 확대한다. 장기적으로 기업 가치 평가의 기준을 바꾸는 가장 강력한 변수다.

2. 경제지표 - 금리 방향을 결정하는 데이터

물가 상승률^{CPI}, 고용지표, GDP 성장률 같은 거시 지표는 통화 정책의 근거가 된다. 뉴스 속 경제지표 발표는 단순한 이벤트가 아니라, 향후 금리 경로를 예측하는 단서다.

3. 기업 실적과 가이던스(전망)

주가는 기업의 이익에 수렴한다. 분기 실적 발표와 미래 전망은 해당 기업의 수익 모델이 강화되고 있는지, 둔화되고 있는지를 보여주는 가장 직접적인 신호다.

이 3가지 축과 연결되는 뉴스라면 시그널일 가능성이 크다. 반대로 이 구조와 무관하다면 대개 단기적 노이즈일 뿐이다. 시장은 늘 시끄럽다. 그러나 시장 흐름의 방향을 바꾸는 뉴스는 언제나 펀더멘털의 축과 연결되어 있다. 중요한 것은 헤드라인의 강도가 아니라, 그 뉴스가 기업의 '돈 버는 능력'을 바꾸는지다. 이 기준을 잘 새겨둔다면 투자자는 노이즈 속에서도 흔들리지 않는 중심을 잡을 수 있다.

시그널 뉴스 제대로 읽기①:
금리 정책

먼저 금리 정책을 쉽게 이해해보자. 미국 주식시장을 움직이는 가장 큰 축은 결국 '돈의 가격'이다. 그 돈의 가격이 바로 기준금리이며, 이를 결정하는 곳이 연방준비제도이사회, 흔히 줄여서 말하는 '연준'이다.

연준의 금리 정책을 두고 흔히 수도꼭지에 비유한다. 수도꼭지를 통해 나오는 물의 양과 속도, 즉 유동성(시장에 풀리는 자금의 흐름)을 어떻게 조절하여 경제라는 큰 욕조에 물을 적정하게 담느냐는 것이다. 욕조에 물이 차오르면 조금씩 수도꼭지를 잠그고, 반대로 욕조의 물이 바닥을 보이면 다시 수도꼭지를 열어 물을 틀어준다. 한마디로, 수도꼭지를 잠그는 역할인 금리 인상과 수도꼭지를 트는 역할인 금리 인하를 통해 욕조에 물이 적절하게 유지될 수 있도록 연준이 관리하는 것이다.

돈의 가격, 즉 금리가 낮으면 사람들은 낮은 비용으로 손쉽게 돈을 빌려 소비하고 기업은 공격적으로 투자한다. 이런 상황이 계속되면 경제는 뜨겁게 달아오르고 물가가 통제하기 어려울 만큼 오를 수 있다. 이때 연준은 금리를 올린다. 돈을 빌리는 비용이 비싸지면 대출은 줄어들고, 소비도 줄어들며, 기업의 투자도 신중해진다. 마치 과속 중인 자동차의 브레이크를 밟는 것과 같다. 속도를 조금 줄여 사고를 막는 것이다.

금리가 너무 오랫동안 낮게 유지되면 주식이나 부동산 가격이 실제 가치 이상으로 과도하게 상승하는 '거품'이 생길 수 있다. 이런 상황에서도 연준은 금리를 올려 시장의 열기를 식힌다. 더불어 달러 가치가 약해지거나 해외 자금이 빠져나갈 우려가 있을 때도 금리를 인상해 일종의 방어 수단으로 활용한다.

반대로 경기가 식어가고 기업들이 투자를 멈추며 사람들이 지갑을 닫기 시작하면 경제는 점점 활력을 잃는다. 이럴 때는 수도꼭지를 더 열어야 한다. 금리를 낮추면 대출 이자가 줄어들고, 그만큼 소비가 다시 살아난다. 기업도 자금 부담이 줄어들면서 투자를 확대할 여유가 생긴다. 금융시장이 크게 흔들리거나 위기 공포가 확산될 때도 금리 인하는 불안을 진정시키는 역할을 한다. 정부 역시 낮은 금리를 통해 이자 부담을 줄이고 경기 부양에 나설 수 있다.

이렇게 금리가 움직이면 단순히 은행 이자만 바뀌는 것이 아니다. 은행의 대출 금리가 변하고, 기업이 자금을 조달하는 비용이 달라지며, 채권 수익률과 환율이 흔들리고, 사람들의 투자 심리까지 영향을 받는다. 금리는 경제 전반을 연결하는 보이지 않는 핏줄과 같다.

특히 주식시장에서는 '미래의 가치'를 현재 가격으로 계산할 때 금리가 중요한 기준이 된다. 금리가 오르면 미래에 벌 것으로 기대되는 이익을 현재 가치로 환산할 때 더 큰 할인율이 적용된다. 쉽게 말해, 10년 뒤에 벌 돈의 가치를 지금 시점에서 계산하면 이전보다 덜 매력적으로 보이게 된다. 그래서 미래 성장에 대한 기대가 큰 기술주나 성장주는 금리 상승기에 더 큰 압박을 받는 경우가 많다.

반대로 금리가 내려가면 기업은 더 낮은 비용으로 자금을 조달할 수 있고, 투자자들은 채권 같은 안전자산보다 주식에서 더 높은 수익을 찾으려 한다. 시장에 돈이 더 많이 흘러들어오면서 특히 성장주 중심으로 주가가 상승하는 환경이 만들어지기 쉽다.

투자자가 기억해야 할 핵심은 이것이다. 금리는 경제의 체온을 조절하는 장치이며, 주식시장은 그 체온 변화에 매우 민감하게 반응한다는 점이다. 뉴스를 볼 때 단순히 '금리가 올랐다, 내렸다'라는 정보 확인에 그치지 말고, 그 결정이 앞으로 기업의 이익과 투자 심리에 어떤 영향을 줄지 한 단계 더 생각해보는 습관이 중요하다. 그 질문을 반복하다 보면 어느 순간 시장의 큰 흐름이 조금씩 보이기 시작할 것이다.

시그널 뉴스 제대로 읽기②: 경제지표

시장의 큰 흐름을 이해하려면 결국 '경제의 건강 상태'를 읽어야 한다. 그 건강 상태를 숫자로 보여주는 것이 경제지표다. 특히 연준이 가장 중요하게 보는 두 축은 물가와 고용이다. 연준의 목표는 물가를 안정시키면서도 사람들이 충분히 일할 수 있는 경제 환경을 유지하는 것이다. 이 2가지가 균형을 이루고 있는지를 확인하는 과정이 바로 경제지표 읽기다.

물가지표

물가는 경제의 체온과 같다. 체온이 너무 오르면 몸이 위험해지고, 너무 낮아도 문제가 된다. 연준이 가장 중요하게 보는 공식 물가지표는 개인소비지출PCE 물가지수이다.

이 지표는 사람들이 실제로 소비한 거의 모든 재화와 서비스를 포함한다. 단순히 가격이 얼마나 올랐는지를 보는 것이 아니라, 사람들이 무엇을 얼마나 소비했는지까지 반영한다는 점에서 현실 경제를 더 넓게 보여준다. 특히 식료품과 에너지처럼 가격 변동이 큰 항목을 제외한 '근원 PCE Core PCE'는 장기적인 물가 흐름을 파악하는데 유용하다. 연준은 이 수치가 대체로 2퍼센트 안팎에서 안정적으로 움직이기를 기대한다. 이 목표에서 멀어지면 금리 정책이 달라질 가능성이 커진다.

대중에게 더 익숙한 물가지표는 소비자물가지수CPI다. 뉴스에서 가장 자주 등장하는 숫자이기도 하다. CPI는 주거비 비중이 높아 단기 변동성이 더 크게 나타날 수 있다. 그래서 발표 당일 주식시장이 크게 출렁일 때가 많다. 투자자 입장에서는 "CPI가 예상보다 높게 나왔는지, 혹은 낮게 나왔는지"가 단기 시장 방향성을 좌우하는 중요한 변수다.

물가지표를 볼 때는 단순히 숫자가 올랐는지 내렸는지를 보는 것이 아니라, 그 변화가 일시적인지 아니면 계속 이어질 흐름인지를 판단하는 것이 핵심이다. 일시적인 급등은 노이즈일 수 있지만, 추세적으로 이어지는 상승은 통화 정책의 방향을 바꾸는 시그널이 될 수 있다.

고용지표

고용지표는 경제의 체력을 보여준다. 고용은 경제의 근육과 같다. 사람이 일하고 돈을 벌어야 소비가 이루어지고 기업 매출도 늘어난다. 그래서 노동시장은 매우 중요한 펀더멘털 지표다.

가장 대표적으로 비농업 부문 고용지표가 있다. 이는 매달 발표되는 신규 일자리 수를 의미한다. 예상보다 신규 고용이 증가하면 경기가 탄탄하다는 신호로 해석된다. 하지만 동시에 노동시장이 과열됐다는 의미일 수도 있다. 기업들이 사람을 구하기 어려워 임금을 빠르게 올리게 되면, 그 임금 상승이 다시 물가 상승으로 이어질 수 있기 때문이다. 그래서 고용이 '너무 좋아도' 시장은 연준의 금리 인상 가능성을 걱정하게 된다.

주간 단위로 더 빠르게 확인할 수 있는 지표는 신규 실업수당 청구 건수다. 새롭게 실업 상태가 되어 실업수당을 신청한 사람 수를 의미한다. 이 숫자가 줄어들면 해고가 적다는 뜻이고 노동시장이 견고하다는 의미다. 반대로 빠르게 증가하면 고용이 약해지고 있다는 신호다. 매주 발표되기 때문에 노동시장 변화를 가장 민감하게 포착하는 지표 중 하나로 활용할 수 있다.

또 하나 중요한 지표는 실업률이다. 실업률이 낮을 때는 보통 "노동시장이 타이트tight하다"고 표현한다. 기업이 사람을 구하기 어려운 빡빡한 상황이라는 뜻이다. 이는 임금 상승 압력으로 이어질 가능성이 있고, 결국 물가에도 영향을 미치게 된다. 그래서 임금 상승률 역시 단순 참고 지표가 아니라 물가의 선행 신호로 해석한다.

GDP

앞에서 살펴본 물가지표나 고용지표와 반드시 함께 봐야 할 큰 그림이 있다. 바로 국내총생산, 즉 GDP다. 경제의 전체 규모와 성장 속도를 보여주는 GDP는 시장의 체력 자체를 나타낸다. 경제가 성장하고 있는지, 둔화하고 있는지를 가장 종합적으로 보여주는 숫자다. 여기에 미국 소비자의 실제 지출 흐름을 보여주는 소매 판매 지표까지 함께 보면 소비의 힘을 가늠할 수 있다. 미국 경제는 소비 비중이 매우 높아서 소매 판매가 꺾이면 기업 실적에도 직접적인 영향이 나타날 수 있다.

정리하자면, 물가는 경제의 체온이고 고용은 근육이며 GDP는 체격이다. 투자자는 이 3가지를 함께 보며 '경제가 과열되고 있는지, 식어가고 있는지, 아니면 안정적인지'를 판단해야 한다. 뉴스를 볼 때 단순히 숫자 하나에 반응하기보다, 그 숫자가 연준의 판단과 금리 방향에 어떤 영향을 줄지 연결해서 생각하는 습관이 결국 시장을 읽는 힘으로 이어진다.

시그널 뉴스 제대로 읽기③:
실적 발표와 가이던스

—

　세 번째로 반드시 봐야 할 신호는 기업들의 실적 발표와 전망(가이던스)이다. 시장을 오래 지켜보면 한 가지 흐름이 보인다. 경기가 좋고 기업 이익이 빠르게 증가할 때는 경제지표의 영향력이 상대적으로 줄어든다. 뉴스와 투자자들의 관심은 자연스럽게 '어떤 기업이 얼마나 더 성장할 수 있는가'에 집중된다. 경제는 배경이 되고, 기업 스토리가 전면에 등장한다.

　하지만 시장이 한참 달아오른 뒤 "너무 비싼 것 아닌가?"라는 고평가 논란이 나오기 시작하면 분위기는 달라진다. 그때부터는 다시 경제지표를 들여다보며 혹시 시장이 꺾일 신호는 없는지 찾기 시작한다. 쉽게 말해, 시장이 불안할 때는 거시경제에 집중하고, 시장이 낙관적일 때는 기업 성장 스토리에 집중한다고 이해하면 흐름이 보인다.

　이제 실적 발표와 가이던스를 조금 더 구체적으로 살펴보자. 미국 주식시장에서 분기 실적 시즌은 단순한 이벤트가 아니다. 개별 종목뿐만 아니라 섹터 전체, 심지어 시장 지수인 S&P500이나 나스닥 종합지수의 방향까지 흔들 수 있는 강력한 촉매다. 그 이유는 실적과 가이던스가 기업의 '현재 가치'와 '미래 가치'를 동시에 평가하는 기준점이 되기 때문이다.

실적은 이미 지나간 분기의 성적표다. 매출이 얼마나 나왔는지, 이익이 얼마나 남았는지를 보여준다. 반면 가이던스는 경영진이 앞으로의 매출, 이익, 설비투자 규모 등을 어떻게 예상하는지를 밝히는 일종의 전망치다. 시장은 과거보다 미래를 더 중요하게 본다. 주식 가격은 결국 앞으로 벌어들일 현금흐름을 현재 가치로 계산한 결과이기 때문이다.

이것을 집을 사는 상황에 비유해보자. 오늘 월세 수입이 얼마인지도 중요하지만, 앞으로 이 동네가 발전해 임대료가 더 오를지, 아니면 상권이 무너질 가능성은 없는지가 더 핵심 조건이다. 가이던스는 바로 그 '동네의 미래 상황'과 같다. 그래서 실적이 조금 좋지 않아도 가이던스가 밝으면 주가가 오를 수 있고, 반대로 실적이 좋아도 가이던스가 실망스러우면 주가가 급락할 수 있다.

성장주가 특히 가이던스에 민감한 이유도 여기에 있다. 성장주는 현재 이익보다 '앞으로 얼마나 크게 성장할 것인가'에 대한 기대가 주가에 이미 많이 반영되어 있다. 만약 가이던스가 하향 조정되면, 시장은 미래 현금흐름이 줄어든다고 해석한다. 기대가 컸던 만큼 실망도 커지며 주가가 크게 흔들릴 수 있다.

반면 가치주는 이미 현재 이익과 자산 가치가 중심이 되어 평가받는 경우가 많아서 단기 가이던스 변화에는 상대적으로 덜 민감할 수 있다. 다만 가이던스가 단순한 일시적 조정이 아니라 산업 구조의 변화나 비즈니스 모델의 약화를 시사한다면, 가치주 역시 큰 조정을 받을 수 있다.

초보 투자자가 기억해야 할 핵심은 이것이다. 실적은 과거를 보여주고, 가이던스는 미래를 보여준다. 그리고 주가는 언제나 미래에 더 민감하게 반응한다. 실적 발표 시즌에 숫자 하나만 보지 말고, 경영진이 무엇을 말하는지, 그 말이 산업 전체의 흐름과 연결되는지를 함께 읽어내는 연습이 필요하다. 그것이 주가를 좌우하는 시그널과 노이즈를 구분하는 힘이 된다.

실적 발표에서 숫자만 보고 끝내면 절반만 본 것이다. 진짜 중요한 힌트는 경영진의 말 속에 들어 있다. 가이던스를 발표할 때 경영진은 단순히 매출과 이익 전망만을 제시하는 것이 아니라, '경영진이 사업 환경을 어떻게 평가하고 있는가'에 대한 시각을 함께 드러낸다. 가이던스를 상향 조정하면서 자신감 있는 어조로 시장 점유율 확대, 신규 사업 확장, 수요 강세를 이야기하면 시장은 그 메시지를 '미래 성장 확신'으로 받아들인다. 숫자와 태도가 동시에 긍정적이면 투자자 심리는 빠르게 달아오른다.

반대로 예상하지 못했던 리스크를 언급하거나, 거시경제 압박과 수요 둔화를 가이던스에 반영한다면 분위기는 달라진다. 숫자가 하향 조정되고, 경영진의 톤이 조심스러워지면 시장은 즉각적으로 반응한다. 주가는 미래를 먼저 반영하기 때문에 하락이 빠르게 나타날 수 있다.

흥미로운 점은 가이던스는 보수적인데 코멘트는 낙관적인 경우도 있다는 것이다. 이런 경우 투자자는 숫자와 말의 온도를 비교해야 한다. 경영진이 진짜 자신감이 있는지, 아니면 시간을 벌기 위한 낙관적 표현인지 구분하려는 노력이 필요하다. 가이던스를 통해 우리가 얻어야 할 것은 단순한 숫자가 아니라 종합적인 메시지이기 때문이다. 그리고 더 중요한 것은 '시장이 그 메시지에 어떻게 반응하는가'다. 같은 내용이라도 시장이 무덤덤하면 이미 선반영된 정보일 수 있고, 과도하게 반응한다면 기대와 현실 사이의 간극이 컸다는 의미일 수 있다.

기업을 점검할 때는 몇 가지 질문을 스스로에게 던져볼 필요가 있다. 내가 알고 있는 이 정보는 이미 주가에 반영된 것인지, 이번 가이던스가 산업 전체를 흔들 메시지인지, 이 기업이 여전히 강력한 경제적 해자垓字를 유지하고 있는지, 과거에 내가 열광했던 투자 포인트가 지금도 유효한지 점검해야 한다. 또한 금리, 가격 경쟁, 관세, 규제 변화 같은 외부 변수는 앞으로 어떤 영향을 줄지도 고민해야 한다.

기업 분석을 통해 시장을 해석한다는 말은, 과거의 숫자가 아니라 미래의 가능성을 읽는다는 뜻이다. 실적은 이미 지나간 성적표다. 주가는 그 기업이 앞으로 벌어들일 이익에 대한 기대를 현재 가치로 할인해 반영한 결과다. 그래서 실제로는 '실적'보다 '가이던스'에 더 크게 움직이는 경우가 많다.

컨센서스

또 하나 반드시 이해해야 할 개념이 컨센서스consensus다. 컨센서스는 시장 전문가들이 예상해둔 평균 전망치다. 실적이 좋으냐 나쁘냐의 절대 기준은 없다. 핵심은 그 숫자가 컨센서스를 얼마나 웃돌았는지, 혹은 밑돌았는지다. 기대보다 조금이라도 못 미치면 주가는 하락할 수 있고, 기대를 크게 상회하면 폭등하기도 한다.

예를 들어 어떤 기업이 40퍼센트의 이익률을 기록했다면 대부분 기업에서는 엄청난 성과다. 그러나 그 기업이 엔비디아NVIDIA라면 시장은 다르게 반응할 수 있다. 시장이 이미 더 높은 수익성과 폭발적인 성장을 기대하고 있었다면 40퍼센트조차 실망으로 해석될 수 있다. 주가는 숫자의 절대 수준보다 '기대와의 차이'에 반응하기 때문이다.

더구나 미국의 대형 기업 실적은 단순히 한 회사의 문제로 국한해서 해석해서는 안 된다. 엔비디아의 실적은 반도체와 AI 산업 전반의 분위기를 바꾸고, 아마존·월마트·타깃 코퍼레이션 같은 기업의 실적은 미국 소비의 체력을 보여준다. 그리고 구글과 메타의 광고 매출은 기업들의 광고 집행 여력과 경기 분위기를 가늠하는 지표가 된다. 이처럼 미국을 대표하는 대기업 실적은 하나의 경제지표처럼 읽어야 한다.

실적 발표 시즌이 되면 초보 투자자들이 자주 묻는 질문이 있다. "실적은 좋은데 왜 주가는 떨어지나요?" 답은 간명하다. 시장의 기대가 더 높았기 때문이다. 실적 발표를 제대로 이해하려면 기업의 성장 스토리, 월가의 컨센서스, 그리고 미래 가치에 대한 시장의 심리를 함께 살펴봐야 한다. 실적 발표는 단순한 숫자 게임이 아니다. 기대와 현실, 현재와 미래, 숫자와 심리가 만나는 자리다. 이 구조를 이해하는 순간, 실적 시즌은 시장을 가장 깊이 배우는 기회가 된다.

시장을 움직이는 또 하나의 축,
오피니언 리더

격변기의 시장에는 항상 강한 목소리를 가진 인물이 등장했다. 1980년대 초, 폴 볼커 연준 의장은 두 자릿수 인플레이션을 잡기 위해 기준금리를 20퍼센트대까지 끌어올리는 초강수 긴축을 단행했다. 그는 "안정을 되찾기 위해서는 일시적으로 전반적인 생활 수준이 낮아질 수 있다"는 메시지를 던지며 시장과 국민 모두에게 고통을 감내하라고 요구했다. 그의 결정은 경제를 깊은 침체로 밀어넣었지만, 마침내 물가를 잡는 데 성공했다.

1996년에는 앨런 그린스펀 연준 의장이 "비이성적 과열irrational exuberance"이라는 표현으로 주식시장 버블을 경고했다. 그러나 시장은 그 경고 이후에도 한동안 더 뜨겁게 타올랐다. 그는 자산시장의 거품을 경고한 인물이자, 동시에 이를 막지 못한 인물로 평가받는다.

최근 시대로 오면서 영향력 있는 인물들의 면면은 더 다양해졌다. 정책을 좌우하는 도널드 트럼프와 제롬 파월, 기업 현장을 이끄는 일론 머스크, 젠슨 황, 샘 올트먼, 피터 틸, 그리고 자본 투자의 상징인 워런 버핏 같은 인물들이다. 이들의 발언은 미국을 넘어 글로벌 자본 흐름에 직접적인 파급력이 있다.

데이터는 과거를 말하고, 리더는 미래를 말한다. 경제지표는 이미 발생한 일을 숫자로 정리한 결과다. 우리는 한 달이 지나야 물가를 확인하고, 한 분기가 지나야 GDP 확정치를 본다. 투자자들은 이 후행 데이터를 조합해 미래를 예측하려 애쓴다. 그러나 오피니언 리더의 발언은 미래의 방향을 제시한다. 정책 결정자는 앞으로의 정책 의지를 암시하고, 기업 CEO는 산업의 수요와 기술 변화에 대한 체감 정보를 전달하며, 거물 투자자는 자산 배분의 힌트를 준다. 이들의 말은 '이미 일어난 일'이 아니라 '앞으로 일어날 수 있는 일'에 대한 신호로 작용한다.

데이터 너머의 통찰

오피니언 리더는 크게 4가지 유형으로 나눌 수 있다.

- 정책형 리더 - 트럼프 대통령, 제롬 파월 연준 의장, 스콧 베센트 재무장관
- 기업형 리더 - 팀 쿡, 일론 머스크, 젠슨 황, 샘 올트먼, 피터 틸
- 투자형 리더 - 워런 버핏, 하워드 막스, 톰 리
- 미디어형 리더 - 월스트리트저널, CNBC, 블룸버그, 파이낸셜 타임스

이들의 공통점은 정보 접근성과 오랜 시장 경험에 따른 통찰력이다. 불확실성 속에서 수없이 많은 의사결정을 내려본 사람들이다. 그래서 그들의 한 문장은 시장 심리를 자극하는 촉매가 된다.

대표적인 사례가 테슬라다. 유럽 판매 부진과 미국 내 수요 둔화로 주가가 장기간 박스권에 머물던 시기, 일론 머스크는 '마스터플랜 4'를 언급하며 기업 가치의 상당 부분이 휴머노이드 로봇 옵티머스에서 나올 것이라고 선언했다. 그 발언 이후 주가는 단기간에 급등했다.

이 움직임은 실적 개선이 확인된 결과가 아니었다. 구체적 데이터가 발표된 것도 아니었다. 그런데도 즉각적으로 주가가 반응한 이유는 시장이 듣고 싶어 하는 미래 서사를 정확히 제시했기 때문이다. 기대가 행동을 만들고, 행동이 다시 가격을 움직였다. 이처럼 오피니언 리더는 때로 시장 심리를 '설계'한다.

한편 정책 결정자는 일반 투자자가 접근할 수 없는 거시 데이터와 내부 보고서 같은 고급 정보를 볼 수 있다. 대형 투자자는 수백 명의 애널리스트와 많은 기업을 직접 접촉하며 통찰을 쌓는다. 기업 CEO는 현장에서 벌어지는 경쟁과 기술 격차를 누구보다 먼저 체감한다.

예를 들어 젠슨 황이 중국의 AI 기술 추격을 언급하면, 그것은 단순한 코멘트가

아니라 산업 현장에서 느끼는 긴박함의 표현일 수 있다. 일론 머스크가 가격 경쟁에 대해 강경 발언을 하면, 그것은 시장 점유율 전략의 일부일 수 있다. 이런 발언은 종종 산업 전체의 재평가로 이어진다.

과거에는 이런 메시지가 신문 기사나 콘퍼런스를 통해 천천히 퍼져 나갔다. 그러나 지금은 도널드 트럼프의 SNS 한 줄이 몇 초 만에 시장을 출렁이게 만든다. 정보 확산 속도가 극단적으로 빨라지면서 발언 자체가 단기 변동성을 키우는 요인이 되었다.

그러나 맹신은 위험하다. 주의할 점도 분명하다. 기업 CEO는 기업 가치 극대화를 목표로 발언한다. 정책 결정자는 정치적 안정과 대중 심리를 고려할 수 있다. 투자자는 자신의 포지션에 유리한 해석을 제시할 가능성도 있다. 따라서 우리는 헤드라인에 반응하기 전에 맥락을 읽어야 한다. 이 발언이 어떤 이해관계에서 나왔는지, 이미 주가에 반영된 이야기인지, 실제 실행 가능성이 있는지 등을 따져보아야 한다.

이같이 현대 시장에서는 데이터와 함께 사람을 읽어야 한다. 숫자는 과거를 설명하지만, 리더의 말은 미래 기대를 형성한다. 2가지를 함께 해석할 때 비로소 시그널과 노이즈를 구분할 수 있다.

3장 | 뉴스 속 숨은 신호를 읽어라

 매일 뉴스를 업데이트하다 보면 유독 '냄새가 나는' 내용이 눈에 띈다. 시장의 방향을 바꿀 만한 잠재력을 가진 뉴스다. 그러나 모든 영향력 있는 뉴스가 즉각적으로 시장에서 폭발하는 것은 아니다. 어떤 뉴스는 발표 직후 주가를 크게 흔들고, 어떤 뉴스는 시간을 두고 천천히 파급된다.

 그 차이는 단순히 뉴스의 크기나 강도 때문이 아니다. 시장이 무엇을 가장 민감하게 받아들이는지, 다시 말해 지금 시장이 가장 '듣고 싶어 하는 이야기'가 무엇인지에 따라 반응의 속도와 영향력이 달라진다.

뉴스별 반응 속도가 다르다

일반적으로 정책 관련 뉴스는 시장에서 비교적 긴 시간 동안 소화하는 과정을 거친다. 정책은 단기 이벤트가 아니라 경제 전반의 구조와 유동성, 심리까지 건드리기 때문이다. 반면 기업 뉴스는 특정 기업의 실적과 직결되기 때문에 즉각적인 가격 반응으로 이어지는 경우가 많다.

그 방향 역시 단순하게 해석할 수는 없다. 정책 뉴스가 초기에는 긍정적으로 해석되다가 시간이 지나며 부정적 효과가 두드러지기도 하고, 기업 뉴스 역시 해당 기업의 '핵심 펀더멘털'을 건드리지 않는다면 초단기 변동에 그칠 수도 있다.

이 점을 잘 보여주는 사례가 2024년 하반기부터 본격화된 도널드 트럼프 미국 대통령의 관세 정책이다. 당시 트럼프는 후보 시절부터 '미국 우선주의'를 주요 정책 목표로 내세웠고, 인공지능 산업에 대한 전폭적인 지지를 약속했다. 시장은 이를 성장 동력으로 해석했고 증시는 역사적 고점을 경신했다.

이 시점에는 관세가 협상을 위한 '수사적 도구'에 불과할 것이라는 의견이 지배적이었다. 그러나 이른바 '해방의 날'로 명명된 2025년 4월 2일 발표된 미국의 일방적인 관세 정책은 글로벌 증시를 곧바로 충격에 빠트렸다. 채권시장과 주식시장이 동시에 흔들리며 공포가 시장 전반으로 번졌다. 이후 스콧 베센트 재무장관이 시장 안

정책을 건의했고, 4월 9일 '90일 상호 관세 유예'가 발표되면서 폭락장은 일단락되었다.

이 사례가 보여주는 것은 정책 뉴스의 반응이 '단계적으로 진화한다'는 사실이다. 초기에는 기대감이 커지며 상승을 이끌었지만, 정책이 구체화하는 과정에서 경기침체 가능성과 기업 이익 감소 시나리오가 현실적으로 계산되기 시작했다. 시장은 단순한 구호로 받아들이지 않고, 그 정책이 실제 경제에 미칠 비용과 파급 효과를 재평가한 것이다. 즉, 정책 뉴스는 발표 순간이 아니라 '구체화하는 과정'이 더 중요하다.

시장 전반에 가장 큰 영향을 미치는 변수는 금리 정책이다. 우리는 2022년 하락장을 기억한다. 약 열 달 동안 이어진 조정의 중심에는 인플레이션을 잡기 위한 금리 인상이 있었다. 금리는 모든 자산의 할인율을 결정하는 변수다. 따라서 금리 뉴스는 특정 기업이 아니라 시장 전체의 밸류에이션•을 재조정한다.

반면 기업에 집중된 뉴스는 즉각적으로 주가에 반영되는 경우가 많다. 그러나 여기서도 중요한 질문이 하나 있다. 그 뉴스가 해당 기업의 가장 중요한 펀더멘털과 관련되어 있는가이다.

예를 들어 엔비디아에 대해 시장이 기대하는 것은 단순한 매출

• 밸류에이션valuation은 가치평가를 뜻하는데, 주식 투자에서는 '이 기업의 현재 주가가 적정한가'를 판단하는 기준을 의미한다. 즉, 지금 주가가 그 기업의 실제 가치에 비해 저평가 혹은 고평가되어 있는지를 가늠하는 것이다.

증가가 아니다. 독점적 지위와 높은 총마진율, 그리고 그 지위의 지속 가능성이다. 따라서 투자자들은 총마진율과 경쟁 구도 변화를 예민하게 지켜본다. 이는 기업의 '프리미엄'을 지탱하는 요소이기 때문이다.

테슬라 역시 마찬가지다. 여전히 전기차 판매가 가장 큰 매출 구조를 차지하지만, 시장은 단순한 자동차 기업으로 평가하지 않는다. 일론 머스크가 제시하는 미래 사업, 즉 자율주행과 에너지, 로보틱스와 같은 확장 가능성에 프리미엄을 부여한다. 그래서 높은 PER과 PEG(182쪽 참고), 상대적으로 낮은 ROE(186쪽 참고) 같은 지표에도 불구하고 고평가를 용인하는 구조가 형성된다.

이처럼 기업 뉴스는 그 기업의 '현재 실적'보다 '미래 기대'를 충족시키는지에 따라 파급력이 달라진다. 기대를 훼손하면 급락하고, 기대를 강화하면 밸류에이션은 더 확장된다.

업종에 따라 핵심 펀더멘털도 다르다. 유나이티드헬스그룹과 같은 보험회사는 소비자 신뢰와 안정적인 현금흐름이 생명이다. 반면 기술 기업은 독점적 기술력과 비용 효율성이 핵심이다. 따라서 해당 업종의 '생명선'이 무엇인지 파악하지 못하면 뉴스의 무게를 정확히 평가할 수 없다. 여론 악화, 규제 강화, 기술 우위 상실처럼 핵심을 건드리는 뉴스라면 주가는 민감하게 반응한다. 이때 투자자는 단순한 가격 변동이 아니라, 가치 훼손 여부를 판단해야 한다.

주가에 정보가 선반영되는 경우

주식시장에서 가장 자주 접하는 개념 중 하나가 '선반영'이다. 이는 미래 가치를 현재 가격에 끌어오는 과정, 다시 말해 미래를 예측해 조금이라도 낮은 가격에 선점하려는 경쟁의 결과라고 볼 수 있다. 시장 참여자들이 같은 정보를 두고 더 빠르게, 더 과감하게 가격에 반영하려는 과정에서 주가는 항상 '현재'가 아니라 '미래'를 거래한다. 선반영은 크게 3가지 측면에서 설명할 수 있다.

1. 수익의 시점

기업이 향후 벌어들일 현금흐름의 총합을 현재 가치로 할인하는 것이 주가의 본질이다. 따라서 실제 수익이 발생한 시점이 아니라, 수익 발생이 거의 확실해지는 시점에 주가는 먼저 움직인다. 예상 매출이 실제로 발생하는 조짐이 보이고 수주 잔고가 증가하며 가이던스가 상향되는 순간, 시장은 미래 이익을 당겨와 가격에 반영한다. 실적 발표는 확인 과정일 뿐, 주가는 이미 그 이전 단계에서 반응하는 경우가 많다.

2. 정보의 속도

정보의 속도는 곧 경쟁력이다. 글로벌 자본시장에서 1초의 차이는 수익률 격차로 직결된다. 새로운 데이터, 산업 보고서, 공급망 단서, 정책 시사점이 포착되는 즉시 가격에 반영하려는 구조이기 때문이다. 방향성이 감지되는 순간 가격은 선행적으로 움직인다. 공식 발표는 후행 변수에 가깝다.

3. 집단지성

주식시장은 심리의 집합체다. "금리 인하 가능성이 크다", "기업 이익이 구조적으로 급증할 것이다" 같은 공통된 기대가 형성되면, 이벤트 발생 이전에 이미 가격이 먼저 반응한다. 이는 합리적 기대 이론과도 맞닿아 있다. 다수의 투자자가 동일한 확신을 공유하는 순간, 기대는 곧 가격이 된다.

선반영을 이해하려면 단순히 뉴스나 실적만 보는 것으로는 부족하다. 인과관계, 금융시장 메커니즘, 정보 접근 구조, 그리고 투자자들의 기대 형성 과정까지 함께 살펴봐야 한다. 시장 가격은 언제나 현재보다 한발 앞서 움직이기 때문이다. 우리는 이를 최근 엔비디아 사례를 통해 다시 한번 확인할 수 있었다. 뒤에서 좀 더 자세히 살펴보겠다.

호재가 악재가 되는 순간

시장에서는 호재가 악재가 되기도 하고, 악재가 호재로 바뀌기도 한다. 이런 변화를 단적으로 보여주는 사례가 2026년 2월 아마존의 분기 실적 발표다. 불과 몇 년 전만 해도 아마존의 대규모 설비투자●는 주가 상승의 신호로 받아들여졌다. 빅테크의 고성장 국면에서 천문학적인 투자금액은 단기 이익 감소를 감내하더라도 미래 시장지배력을 선점하기 위한 전략적 선택으로 해석되었고, 시장은 그 기대를 주가에 선반영했다.

그러나 2025년 말에서 2026년 초로 넘어오며 분위기는 달라졌다. 인공지능 산업이 막대한 자본을 요구하는 구조라는 인식이 확산하였고, 주요 기술 기업들은 경쟁에서 뒤처지지 않기 위해 설비투자를 공격적으로 확대했다. 문제는 그 투자가 더는 '기회의 확장'이 아니라 '생존을 위한 비용'처럼 인식되기 시작했다는 점이다.

시장의 관심은 투자 규모 자체가 아니라 자본 효율성과 수익성 입증 여부로 이동했다. 아마존은 2026년 2월 초 실적 발표에서 AI, 휴머노이드, 반도체 분야에 2,000억 달러를 투자하겠다고 밝혔다. 실적은 시장 예상에 부합했지만, 애프터마켓에서 주가는 약 10퍼센트 하락했다. 과거라면 성장 의지의 표현으로 환영받았을 발표가, 이번에는 현금흐름 부담과 수익성 불확실성을 자극하는 요인으로 해석된 것이다.

● 설비투자capex는 미래의 이윤 창출을 위해 지출한 비용을 말한다. 공장·설비·기술 등 유형자산을 취득하거나 개량하는 데 쓰는 자본적 지출을 뜻한다.

이 사례는 같은 뉴스라도 시장이 처한 국면에 따라 전혀 다른 의미로 해석될 수 있다는 사실을 보여준다. 성장 초입 국면에서는 공격적 투자가 미래 확장의 신호로 읽히지만, 경쟁이 과열되고 자본 효율성에 대한 의문이 커지는 단계에서는 같은 투자가 오히려 부담으로 인식된다. 뉴스의 본질보다 중요한 것은 시장이 기대하는 서사와 평가 기준이다.

반대로 악재가 호재로 해석될 때도 있다. 2022년 이후 인플레이션을 억제하기 위해 연준은 급격한 금리 인상을 단행했고, 그 여파는 2023년까지 이어졌다. 고금리 환경은 기업 투자와 소비를 위축시켰고 경기침체 우려를 키웠다. 그러나 시간이 지나며 물가가 안정되자 시장의 초점은 '언제 금리를 인하할 것인가'로 이동했다. 금리 인하가 이루어지기 위해서는 2가지 조건이 필요했다. 물가지표의 하락과 고용지표의 둔화였다. 이런 배경 속에서 당시 시장에서는 "Bad News is Good News"라는 말이 유행했다. '나쁜 뉴스가 좋은 뉴스다'라고, 경제지표가 둔화할수록 연준이 금리 인하에 나설 가능성이 커진다는 논리가 형성된 것이다. 그 결과, 고용지표가 부진하게 나올수록 시장이 오히려 반응하는 아이러니한 상황이 나타났다.

이처럼 뉴스는 객관적 사실을 전달하지만, 시장의 해석은 항상 기대와 우려의 맥락 속에서 결정된다. 같은 정보라도 어느 시점에, 어떤 심리 환경에서 등장하느냐에 따라 호재가 되기도 하고 악재가

되기도 한다.

투자에서 중요한 것은 표면적 사실이 아니라 '지금 무엇이 이미 가격에 반영되어 있는가'를 판단하는 일이다. 시장 참여자 다수가 같은 기대를 공유하고 있다면, 그 기대는 상당 부분 주가에 선반영되어 있을 가능성이 크다. 이때 필요한 것이 이 시대 최고의 투자 구루라 불리는 하워드 막스Howard Marks가 제시한 2차적 사고second-level thinking다. 2차적 사고란 단순히 더 많이 생각하는 것이 아니라, 대중과 다른 각도에서 질문을 던지는 태도를 말한다. 모두가 공격적 투자를 성장의 신호로 해석할 때, 그 투자가 투입된 자본에 걸맞은 수익을 실제로 만들어낼 수 있는지 되묻는 것이다. 모두가 경기 둔화를 공포로 해석할 때, 그 공포가 오히려 정책 전환의 계기가 될 수 있는지를 점검하는 것이다. 하워드 막스는 이렇게 말한다.

"1차적 사고는 '좋은 기업이니까 주식을 사자'라고 말한다. 2차적 사고는 '좋은 기업이다. 하지만 모두가 훌륭한 기업이라고 생각한다면, 사실은 그렇지 않다. 그래서 주가가 과대평가되고 고평가되었으니 팔자'라고 말한다."

시장은 본질적으로 제로섬에 가까운 구조다. 평균적인 시각으로는 평균 이상의 수익을 기대하기 어렵다. 초과 수익은 '남들과 다른 생각'에서가 아니라, '남들과 다른 질문'을 던지는 데서 출발한다.

호재와 악재는 고정된 속성이 아니다. 그것은 시대의 문법 속에서 끊임없이 재해석된다. 투자자는 그 문법을 읽어내고, 이미 반영된 기대와 아직 반영되지 않은 변수를 구분해야 한다. 그리고 대중의 확신이 강해질수록 한 걸음 물러나 다시 생각해보는 2차적 사고의 훈련이야말로 변동성이 본질인 시장에서 살아남는 가장 현실적인 전략이다.

최고 실적에도 엔비디아 주가는
왜 떨어졌을까?

2022년 11월 30일 오픈AI가 챗GPT를 출시한 이후 약 한 달간 AI 산업에 대한 분석이 본격화되었다. 주식시장은 AI 인프라의 최대 수혜 기업으로 엔비디아를 지목했다. 2023년 5월 실적 발표에서 엔비디아는 다음 분기 매출 가이던스를 110억 달러로 제시하며, 시장 예상치를 약 50퍼센트 상회했다. 이날 엔비디아의 주가는 8퍼센트가량 급등하며 AI 열풍의 최대 수혜주로 자리 잡았고, 이후 약 2~3년 동안 700~1,000퍼센트 이상 상승하는 경이로운 기록을 세웠다. 엔비디아가 AI 랠리의 중심축으로 자리 잡은 것이다. 이 과정에서 3가지 선반영 요소가 동시에 작동했다.

- 수익의 시점: AI 데이터센터 수요가 장기적으로 폭증할 것이라는 확신이 형성되면서 미래 현금흐름이 선반영되었다.
- 정보의 속도: 엔비디아 칩을 생산하는 TSMC(타이완반도체제조)의 월별 수주량과 매출 추정치가 증가하면서 주문 급증 신호가 조기에 감지되었다. 시장은 이를 즉각 가격에 반영했다.
- 집단지성: 엔비디아의 시장 점유율과 독점적 지위에 대한 신뢰가 폭발적으로 퍼져 나가면서 기대 프리미엄이 확대되었다.

이후 2025년 엔비디아는 차세대 아키텍처 '블랙웰Blackwell' 기반 슈퍼사이클을 예고했다. 2026~2028년까지 이어질 신제품 로드맵이 제시되자 시장은 다시 한번 미래 수요를 현재 가치로 환산하기 시작했다. 그러나 선반영은 양날의 검이다.

2026년 2월, 엔비디아는 전년 동기 대비 매출 73퍼센트 성장, EPS 82퍼센트 성장이라는 경이로운 실적을 발표했다. 그런데도 다음 날 주가는 -5퍼센트를 넘어서는 급락세를 보였다. 이는 '과도한 선반영 부담'의 전형적인 사례다. 이미 가격에 반영된 기대치가 워낙 높았기 때문에 뛰어난 실적조차 추가 상승의 촉매가 되지 못했다. 시장은 '더 큰 서프라이즈'를 요구했고, 기대치에 못 미쳤다고 판단한 순간 차익을 실현하려는 매물이 쏟아졌다.

- 기대가 낮을 때의 서프라이즈는 강력한 주가 상승을 만든다.
- 기대가 높을 때의 서프라이즈는 오히려 실망 매물을 유발할 수 있다.

주가는 실적 그 자체가 아니라, '실적과 기대치의 차이'를 거래한다. 이것이 선반영 메커니즘의 핵심이다.

제2부

투자자는
어디서 무엇을
봐야 하는가

4장 | 지금 당장 즐겨찾기 해야 할 레거시 미디어

우리는 정보의 결핍이 아니라 과잉의 시대에 살고 있다. 문제는 정보의 양이 아니라 선별 능력이다. 과도한 노이즈는 올바른 판단을 방해하기 마련이지만, 시장은 여전히 뉴스의 동향에 민감하게 반응한다. 금리, 물가, 지정학, 기업 실적, 정책 발언 하나에도 자산 가격은 즉각적으로 재평가된다. 특히 투자자가 '어떤 매체를 보느냐'에 따라 뉴스 해석의 질이 달라진다.

수많은 뉴미디어 경제 매체와 플랫폼이 시장을 뒤흔들고 있지만, 여전히 의제 설정 능력에서 중심에 서 있는 것은 이른바 레거시 미디어legacy media다. 대표적으로 〈월스트리트저널〉, 블룸버그, CNBC는 글로벌 금융시장의 핵심 정보 허브로 기능한다. 오랜 역사, 광범위한 취재 네트워크, 정책 당국과의 접근성이라는 측면에서 이들이 생산하는 헤드라인은 단순한 뉴스가 아니라 시장의 방향성을 형성하는 재료가 된다. 투자자라면 먼저 이 매체들이 가진 서로 다른 '성격'을 이해하는 것이 중요하다.

레거시 미디어의 종류와 장단점

레거시 미디어는 뉴미디어 이전부터 존재해온 전통적인 대중 매체를 뜻한다. 〈월스트리트저널〉, 블룸버그, CNBC는 모두 비슷한 경제 뉴스를 다루는 것처럼 보이지만, 실제로는 각기 성격이 다르다. 〈월스트리트저널〉은 비교적 정제된 톤으로 정책, 기업, 거시경제를 다룬다. 단기 트레이딩 이슈보다는 구조적 변화와 정책 흐름을 분석하는 데 강점이 있다. 장기 투자자라면 큰 흐름을 읽는 데 유용하다. 블룸버그는 속도와 데이터에 강하다. 글로벌 매크로, 채권, 외환, 원자재 등 자산군 전반에 걸친 실시간 정보와 정량적 분석이 강점이다. 시장 참가자들의 포지셔닝과 자금 흐름을 파악하는 데 적합하다. CNBC는 실시간 방송 매체 특성상 시장 심리를 가장 빠르게 반영한다. 기업 CEO 인터뷰, 연준 인사 발언, 긴급 속보에 즉각 반응하며 '현재 시장이 무엇에 흥분하고 있는지'를 보여준다. 단기 심리와 모멘텀•을 읽는 데 효과적이다.

투자자라면 단순히 뉴스를 소비하는 데 그쳐서는 안 된다. 같은 사건이라도 매체마다 헤드라인의 방향점, 강조점, 해석 프레임이

다르다. 그 차이를 인지하는 순간 정보는 노이즈가 아니라 전략적 자산이 된다. 중요한 것은 뉴스의 양이 아니라, 채널의 성격을 이해한 뒤 목적에 맞게 활용하는 것이다.

CNBC

실시간 방송 중심의 비즈니스 미디어로, '지금 이 순간'의 시장 분위기를 가장 생생하게 보여준다. 장중 CEO 인터뷰, 애널리스트 코멘트, 속보 자막 등이 즉각적으로 반영되기 때문에 단기 모멘텀과 심리 흐름을 파악하는 데 강점이 있다. 유료 서비스에서는 일부 전문가의 포트폴리오 전략과 투자 아이디어도 확인할 수 있다. 다만 방송 매체 특성상 자극적인 헤드라인과 단기 변동성에 초점이 맞춰질 가능성이 커서 노이즈가 섞이기 쉽다. 단기 트레이딩 관점에서는 유용하지만, 그대로 추종하기보다는 맥락을 분리해 해석할 필요가 있다.

야후 파이낸스Yahoo Finance

전 세계적으로 가장 방문자가 많은 금융 포털 중 하나다. 무료로 제공되는 방대한 재무 데이터, 차트, 과거 실적 정보는 개인 투자자

● 모멘텀momentum은 원래 물체의 운동량을 의미하는 물리학 용어이지만, 주식시장에서는 주가의 추세를 전환시키는 재료를 뜻한다. 주가가 상승하거나 하락할 때 추세를 바탕으로 얼마나 더 상승하거나 하락할 것인지를 나타내는 지표다.

에게 매우 유용하다. 특히 커뮤니티 활동이 활발해 특정 산업이나 종목에 대한 대중의 관심도를 체감하기 쉽다. 다만 다양한 외부 매체 기사를 집계하는 구조이기 때문에 정보의 질이 균일하지 않고, 가짜 뉴스나 편향된 콘텐츠를 선별해야 한다. 역설적으로 이런 혼재된 정보 환경 자체가 시장의 과열 심리나 군중 심리를 보여주는 지표가 되기도 한다.

블룸버그Bloomberg

글로벌 금융권에서 가장 신뢰받는 레거시 미디어 중 하나다. 단순한 언론사를 넘어 금융계에서 업계 표준 격으로 사용되는 고성능 소프트웨어와 전용 단말기인 블룸버그 터미널로 연동된 거대한 금융 인프라를 구축하고 있다. 블룸버그 터미널에서는 주가나 기업의 실적 지표만이 아니라 세계 각국의 국채 및 금리 현황, 원유나 농산물, 금속 등 원자재의 가격 변동, 고용지표 같은 경제지표를 실시간으로 검색하고 비교해볼 수 있다. 기사와 데이터가 유기적으로 연결되어 있어 정책 당국자, 기관 투자자, 펀드매니저들이 실시간으로 시장을 분석하는 데 주로 활용하는 매체다. 속보 한 줄이 채권·외환·주식시장 전반에 즉각적인 영향을 미칠 정도로 파급력이 크다. 단점은 높은 구독 비용과 전문가 중심의 정보 구조다. 초보 투자자에게는 다소 난해하게 느껴질 수 있다.

월스트리트저널 The Wall Street Journal

미국 경제와 기업을 깊이 있게 취재하는 매체로 평가받는다. 이 매체의 강점은 단순한 뉴스 전달이 아니라 현장 네트워크를 기반으로 한 심층 취재에 있다. 대기업 경영진, 정치권, 금융권과 폭넓게 연결되어 있어 기업 내부 사정이나 인수합병M&A의 뒷이야기, 정책 변화의 흐름을 비교적 정밀하게 보도한다.

특히 눈여겨볼 인물이 있다. 〈월스트리트저널〉의 수석 경제부 기자인 닉 티미라오스Nick Timiraos이다. 그는 연준 내부 분위기를 정확하게 전달하는 기자로 유명하다. 시장에서는 그의 기사나 SNS 메시지가 나오면 단순한 뉴스로 보지 않는다. 연준의 정책 방향을 미리 읽을 수 있는 하나의 신호로 해석하는 경우가 많다.

몇 가지 특징도 함께 알아둘 필요가 있다. 우선 이 매체는 기본적으로 미국 중심의 시각이 강하다. 글로벌 이슈를 다루더라도 미국 경제와 금융시장의 관점에서 해석하는 경우가 많다. 또 대부분의 심층 기사들은 유료 구독이 필요해서 접근하기가 쉽지는 않다.

로이터 Reuters

전 세계에서 가장 빠르게 사실을 전달하는 통신사 중 하나다. 이 매체의 가장 큰 특징은 감정적인 수사나 과도한 해석을 최대한 배제하고 '실제로 무슨 일이 발생했는가'라는 팩트에 집중한다는 점이다. 그래서 뉴스를 읽다 보면 기사 자체는 비교적 담백하다. 사건의 배경이나 시장 해석보다는 사실과 핵심 정보를 먼저 제시하는 방식이다. 특히 지정학적 리스크, 글로벌 공급망 문제, 국제 정치 이슈와 같은 분야에서는 상당히 빠른 속보가 나오는 경우가 많다. 글로벌 투자자들이 가장 먼저 확인하는 뉴스 소스 중 하나인 이유도 여기에 있다.

다만 투자 관점에서 보면 한 가지 특징이 더 있다. 이 매체는 분석이나 투자 해석을 깊게 제공하는 스타일은 아니다. 어디까지나 사실 전달에 초점이 맞춰져 있기 때문이다.

투자자는 기사에 담긴 팩트를 그대로 받아들이는 데서 끝나면 안된다. 그 정보를 바탕으로 "이 사건이 시장에 어떤 영향을 줄 수 있는가"라는 다음 질문을 스스로 던져야 한다.

파이낸셜 타임스Financial Times

영국에 기반을 둔 대표적인 글로벌 경제지다. 이 매체의 강점은 단순한 뉴스 전달에 그치지 않고 경제 현상을 정치·문화·역사적 맥락과 연결해 해석한다는 점에 있다. 같은 경제 뉴스라도 "왜 이런 흐름이 나타났는가"라는 구조적인 질문을 던지는 경우가 많다.

특히 눈여겨볼 부분이 오피니언opinion 섹션이다. 다양한 경제학자와 정책 전문가, 시장 분석가들이 자신의 시각을 통해 거시적인 흐름을 설명한다. 그래서 단기 뉴스보다는 큰 흐름을 정리하고 사고의 틀을 넓히는 데 도움 되는 글이 많다.

이 매체는 단기 속보나 특정 종목 이슈를 빠르게 전달하는 스타일은 아니다. 그래서 당장 매매할지 말지를 판단해야 하는 투자자에게는 다소 느리게 느껴질 수 있다. 하지만 장기적인 관점에서 보면 이야기가 달라진다. 글로벌 정치 변화, 경제 질서 재편, 산업 구조 변화 같은 큰 흐름을 이해하는 데 높은 가치를 제공한다. 즉, 단기 트레이딩 뉴스라기보다는 시장 구조를 이해하는 데 도움이 되는 매체라고 보는 것이 맞다. 역시 유료 구독을 해야 한다.

마켓워치 MarketWatch

방대한 경제 뉴스를 기반으로 핵심 내용을 비교적 직설적이고 간결하게 전달하는 매체다. 복잡한 분석을 길게 풀어내기보다는 지금 시장에서 무엇이 중요한지를 빠르게 요약해주는 데 강점이 있다. 특히 헤드라인이 명확하고 실용적일 때가 많다. 기사 역시 대부분 "그래서 투자자는 무엇을 봐야 하는가"라는 질문에 초점을 맞춘다. 복잡한 거시경제 이론을 깊이 파고들기보다는 현재 시장에서 실제로 작동하고 있는 흐름을 짚어주는 스타일에 가깝다.

분석의 깊이 역시 특징이 있다. 지나치게 학술적이지 않으면서도 기본적인 맥락은 놓치지 않는다. 그래서 시장을 처음 접하는 투자자나 경험이 많지 않은 투자자에게 큰 방향성을 잡아주는 뉴스로 활용하기 좋다. 복잡한 분석보다는 섹터 흐름이나 투자 아이디어를 가볍게 점검하는 용도에 효율적이다.

매체명	장점	단점
CNBC (www.cnbc.com)	실시간 빠른 정보 방송 콘텐츠 풍부 다양한 인터뷰	깊은 분석보다는 속도 자극적인 헤드라인 깊은 전략 부족
야후 파이낸스 (www.finance. yahoo.com)	다양한 무료 정보 실시간 시세 빠르고 신속한 해설 제공	타 매체 뉴스 정보 전달 깊은 분석 부족
블룸버그 (www.bloomberg. com)	데이터 분석과 기업 정보는 최고 수준 채권, 외환, 거시경제에 강점	유료 정책에 따라 접근 제한 내용이 어렵고 딱딱함
월스트리트저널 (www.wsj.com)	독점 기사 및 취재력 우수 경제, 정치, 사회 다방면 접근	실시간 정보성은 약함 유료 정책에 따라 접근 제한 다소 구태의연한 매체 인식
로이터 통신 (www.reuters. com)	중립적이고 객관적 빠른 속보 경쟁력 정확한 기업 팩트 뉴스	기사 내용이 딱딱함 깊은 인사이트 부족
파이낸셜 타임스 (www. financialtimes. com)	깊이 있는 분석 글로벌 거시경제에 강점 정치, 외교, 금융의 연결성	내용이 다소 어려움 구독료 부담 속보와 대중성은 떨어짐
마켓워치 (www. marketwatch.com)	투자자 친화적 콘텐츠 뉴스와 시장 반응 해설 우수	분석보다는 요약과 속보 중심 자극적인 헤드라인

- 속보가 필요할 때 - CNBC, 로이터
- 심층 분석이 필요할 때 - 월스트리트저널, 블룸버그
- 글로벌 거시경제 분석이 필요할 때 - 파이낸셜 타임스

- 데이터가 필요할 때 - 야후 파이낸스
- 시장에 대한 쉬운 분석이 필요할 때 - 마켓워치

모든 뉴스를 한눈에 보는 곳

다음과 같은 사이트를 활용하면 글로벌 주요 매체들의 뉴스 흐름을 훨씬 효율적으로 확인할 수 있다.

- 비즈톡: biztoc.com
- 핀비즈 뉴스: finviz.com/news.ashx

두 사이트의 공통된 장점은, 전 세계 주요 경제 매체들의 헤드라인과 기사를 한 화면에서 빠르게 확인할 수 있다는 것이다. 일일이 여러 언론사를 돌아다니지 않아도 현재 시장이 어떤 이슈에 반응하고 있는지 한눈에 파악할 수 있다.

물론 블룸버그나 〈월스트리트저널〉처럼 유료 구독이 필요한 매체도 있다. 이런 경우 기사 전문을 읽기 위해서는 구독료를 지불해야 한다. 하지만 투자 관점에서 보면 헤드라인만으로도 상당한 힌트를 얻을 수 있다. 여러 매체가 동시에 같은 뉴스를 반복적으로 다루고 있다면 그 이슈가 그날 시장을 움직이는 핵심 원인일 가능성이 크기 때문이다. 설령 전문을 읽지 못하더라도 무료 매체나 다른 기사들을 통해 전체 맥락을 충분히 확인할 수 있다.

특히 투자자들이 많이 활용하는 사이트가 바로 '핀비즈'다. 미국 주식 투자자들 사이에서는 사실상 '국민 사이트'라고 불려도 어색하지 않을 정도로 널리 이용된다.

유료 서비스도 존재한다. 월 24.96달러, 연 299.50달러의 구독료를 내면 일부 프리미엄 기능을 사용할 수 있다. 하지만 무료 버전만으로도 충분하다. 뉴스 확인은 물론이고 차트, 종목 검색, 필터링 도구, 재무 정보까지 한곳에서 확인할 수 있기 때문이다. 투자자는 정보를 얼마나 많이 아느냐보다 얼마나 효율적으로 정리해서 보느냐가 더 중요하다. 그런 의미에서 핀비즈는 뉴스 흐름을 파악하고 종목을 탐색하는 데 꽤 유용한 도구다.

디지털이 주도하는 시대가 되면서 "레거시 매체는 끝났다"는 말
이 나올 정도로 정보 유통의 속도와 효율성 측면에서 뉴미디어^{new}
^{media}의 영향력이 급격하게 커졌다. 뉴미디어는 인터넷과 모바일을
통해 실시간으로 생산·유통되는 디지털 콘텐츠다. 전통 매체와 달
리 이제는 누구나 정보를 생산하고 가공하며 동시에 확산시킬 수
있게 됐다. 그 결과 시장이 정보를 받아들이고 반응하는 속도 역시
과거와 비교할 수 없을 만큼 빠르다. 뉴스는 더 빨리 퍼지고, 더 자
극적인 형태로 소비된다. 이 흐름은 정치 환경과 결합하면서 더 강
하게 나타났다. 특히 트럼프의 2기 행정부에서는 기존 레거시 매체
에 대한 불신과 각 매체의 정치적 성향이 결합되면서 정보 생태계
가 더욱 분화하는 모습을 보였다.

　2025년 1월 트럼프 정부 출범 직후에는 관세 정책이 연이어 발표

되면서 주식시장이 상당한 변동성을 경험하기도 했다. 장중에 정책 관련 발언이 나오면 시장이 급등하거나 급락했고, 다음 날 또 다른 메시지가 나오면서 방향이 바뀌는 일이 반복됐다. 시장이 뉴스 한 줄에 민감하게 반응하는 전형적인 상황이 나타난 것이다. 흥미로운 점은 이 과정에서 시장을 크게 흔든 메시지 상당수가 전통 언론이 아니라 뉴미디어 플랫폼을 통해 전달됐다는 사실이다. 트럼프 대통령은 자신이 운영하는 SNS인 트루스소셜Truth Social을 통해 관세와 외교 정책 관련 메시지를 직접 발표했다.

이 구조는 과거와 다르다. 언론 보도를 거쳐 전달되는 것이 아니라 정책 메시지가 곧바로 시장으로 전달되는 '직접 발신' 방식이다. 투자자들은 이 게시물을 사실상 정책 신호로 해석했고, 그 결과 소셜미디어 게시물 하나가 시장의 방향을 바꾸는 장면도 여러 차례 등장했다.

단순한 뉴스 전달을 넘어 해석과 전망까지

정보 환경의 변화는 백악관 브리핑룸에서도 그대로 드러난다. 과거에는 전통 언론 중심으로 출입 구조가 형성되어 있었다. 신문사와 방송사 같은 기존 레거시 매체들이 질문권을 거의 독점하다시피 했다. 그러나 최근에는 이 구조에도 변화가 생겼다. 유튜버나 팟캐스터, 인터넷 기반 매체 등 영향력이 큰 인플루언서들에게도 접근 권한이 점차 확대되고 있다.

예전에는 매체의 브랜드와 제도적 신뢰가 뉴스의 무게를 결정했다. 어느 신문에서 보도했는지, 어느 방송에서 다뤘는지가 뉴스의 영향력을 좌우했다. 그러나 지금은 상황이 조금 달라졌다. 팔로워 수와 확산력이 영향력을 결정하는 시대가 된 것이다. 이러한 변화를 이해하려면 레거시 미디어와 뉴미디어의 구조를 비교해볼 필요가 있다.

먼저 레거시 미디어다. 전통 언론은 저널리즘 윤리와 기관 인증을 기반으로 뉴스를 생산한다. 보통 기자가 취재하고 사실 확인을 거친 뒤, 각 매체 특유의 관점으로 기사를 만든다. 그리고 그 뉴스는 보도기관에서 독자에게 한 방향으로 전달되는 구조를 가진다. 방송, 신문, 공식 웹사이트가 대표적인 채널이다.

반면 뉴미디어는 작동 방식이 다르다. 이 구조에서는 팔로워 규모와 조회 수, 그리고 개인의 영향력이 뉴스의 파급력을 좌우한다. 정보는 특정 기관에서 내려오는 것이 아니라 네트워크를 통해 수평적으로 확산된다. 때로는 사실 확인보다 해석이 먼저 붙고, 여기에 개인의 의도나 의견이 덧입혀지면서 빠르게 퍼지기도 한다. 대표적인 플랫폼으로는 유튜브, X, 레딧 같은 서비스가 있다. 팟캐스트 역시 이 흐름의 한 축을 형성한다.

요소	레거시 미디어(전통 매체)	뉴미디어
뉴스의 기준	저널리즘 윤리 + 기관 인증	팔로워 수 + 영향력 + 조회 수
뉴스 전달 방식	보도기관 → 독자	팔로워 → 네트워크로 확산
전달 과정	팩트 → 해석 → 보도	해석 → 의도 → 확산
매체	방송, 신문, 웹사이트	유튜브, X, 팟캐스트, 레딧

뉴미디어는 단순한 뉴스 전달이 아니라, 팩트를 전달하는 동시에 투자 관점의 해석과 전망을 덧붙이며 차별화하는 것이 특징이다. 레거시 매체가 제공한 사실 위에 개인의 논리와 시나리오를 얹어 다시 가공하고, 이를 통해 구독자에게 일종의 '독점적 통찰'을 제공하려는 구조다.

문제는 이 과정에서 정보가 점점 더 자극적인 형태로 변할 수 있다는 점이다. 같은 사건이라도 어떤 서사를 붙이느냐에 따라 완전히 다른 이야기로 재구성될 수 있다. 투자자는 같은 뉴스를 보면서도 전혀 다른 결론을 접하게 된다.

이를 단적으로 보여준 사례가 미국 최대 의료 보험사인 유나이티드헬스그룹UnitedHealth Group의 급락 사태다. 2024년 12월 4일, 자회사 CEO였던 브라이언 톰슨Brian Thompson이 뉴욕 맨해튼에서 총격으로 사망하는 사건이 발생했다. 며칠 뒤 용의자 루이지 맨지오니Luigi Mangione가 체포됐고, 수사 당국은 미국 건강보험 시스템에 대한 분노가 범행 동기였다고 밝혔다.

사건이 처음 보도됐을 때 시장 반응은 의외로 차분했다. 주가는 크게 흔들리지 않았다. 하지만 이후 상황이 달라졌다. SNS를 중심으로 보험금 청구 거부 사례, 과도한 보험료, 불투명한 의료비 구조에 대한 개인 경험담이 빠르게 퍼져 나갔다. 일부 극단적인 여론은 가해자를 영웅으로 미화하기까지 했다. 논쟁은 점차 미국 의료 시스템 전반에 대한 구조적 비판으로 확대됐다.

여론이 들끓자 시장의 시각도 달라졌다. 단순한 사건이 아니라 정부 정책이나 규제에 영향을 줄 수 있는 문제로 해석하기 시작한 것이다. 이후 실적 발표와 함께 미국 법무부의 보험료 과다 청구 조사 이슈까지 겹치면서 주가는 급격히 흔들렸다. 약 5주 만에 고점 대비 60퍼센트 이상 하락했고, 추가적인 내부 고발까지 이어지면서 하락 압력은 더 커졌다. 여기서 중요한 점이 있다. 시장을 움직인 것은 총격 사건 자체가 아니었다. 사건 이후 형성된 여론의 방향이었다. 그리고 그 여론은 대부분 뉴미디어를 통해 증폭됐다.

이 사례는 오늘날 시장의 작동 방식을 잘 보여준다. 지금의 시장은 단순한 팩트보다 내러티브에 훨씬 빠르게 반응한다. 그리고 그 내러티브는 유튜브, X 같은 뉴미디어 플랫폼을 통해 빠르게 퍼져 나간다.

투자자에게 필요한 능력도 달라졌다. 단순히 정보를 많이 아는 것만으로는 부족하다. 어떤 정보가 어디서 나왔는지 구분하는 능력, 그리고 여론의 흐름이 언제 정책 리스크나 규제 리스크로 전환

될 수 있는지 읽어내는 감각이 점점 더 중요해지고 있다. 레거시와 뉴미디어 중 무엇이 옳은가의 문제가 아니라, 두 생태계가 상호작용하며 시장 가격을 형성한다는 점을 이해하는 것이 핵심이다. 정보의 속도가 빨라질수록, 투자자는 더 종합적으로 사고해야 한다.

유용하거나 위험하거나

레거시 미디어가 팩트를 중심으로 구조화된 보도를 하는 시스템이라면, 뉴미디어는 사건에 대한 해석을 빠르게 붙이고 그것을 네트워크를 통해 확산시키는 구조에 가깝다. 정보의 전달 속도 자체보다 의미를 부여하는 속도가 훨씬 빠르다. 이 과정에서 특정 집단의 관심과 감정이 증폭되기도 한다. 공포, 분노, 기대 같은 감정이 붙는 순간 콘텐츠의 확산력은 급격히 커진다. 알고리즘은 이러한 반응을 다시 확대 재생산하며 여론의 방향을 선명하게 만든다. 투자자 입장에서 이것은 분명한 장점이 있다. 뉴미디어를 통해 시장 심리의 온도를 훨씬 빠르게 읽을 수 있기 때문이다. 어떤 이슈에 돈이 몰리는지, 어떤 서사가 투자자들의 상상력을 자극하는지를 실시간에 가깝게 확인할 수 있다.

하지만 동시에 분명한 위험도 존재한다. 해석이 팩트보다 앞서가면 과잉 확신이 만들어지고, 동일한 의견만 반복적으로 소비되는 환경에서는 집단 편향이 강화된다. 뉴미디어는 매우 유용한 도구이지만, 그대로 믿고 따라가기에는 위험한 도구이기도 하다. 투자자는 그 안에서 여론의 방향을 읽되, 판단은 반드시 사실과 데이터 위에서 내려야 한다.

시장 심리를 읽는 레딧의 주요 커뮤니티

레딧Reddit은 같은 관심사를 가진 사람들이 모여 다양한 주제로 커뮤니티를 이루는 거대한 집합형 플랫폼이다. 사용자는 특정 주제별 커뮤니티인 '서브레딧subreddit'에 참여해 토론을 벌이고, 정보와 의견을 자유롭게 교환한다. 특히 경제와 주식 관련 서브레딧에는 미국 개인 투자자들이 대거 참여한다. 이들은 종목 아이디어를 공유하고 시장 이슈에 대한 의견을 나누며, 때로는 특정 테마에 대한 집단적 관심을 빠르게 형성하기도 한다.

이 때문에 레딧은 단순한 커뮤니티를 넘어 미국 개인 투자자들의 심리와 관심사를 관찰할 수 있는 중요한 창구로 작동한다. 어떤 종목이 화제가 되는지, 어떤 내러티브가 개인 투자자들 사이에서 힘을 얻고 있는지 파악하는 데 유용한 공간이다.

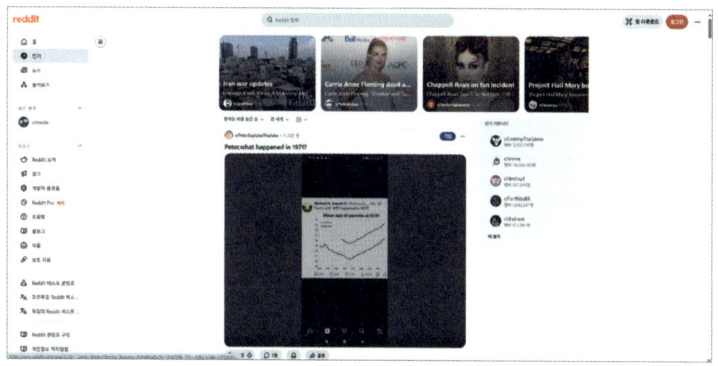

r/WallStreetBets

레딧 내에서 가장 영향력 있는 개인 투자자 커뮤니티 중 하나다. 특히 2021년 게임스탑GameStop 주가 급등 사태를 촉발하며 전 세계적으로 주목받았다. 이 사건은 대형 헤지펀드의 공매도 포지션에 맞서 개인 투자자들이 힘을 모아 게임스탑 주식을 대거 매수하면서 주가를 끌어올렸고, 그 결과 공매도에 베팅했던 기관 투자자들이 큰 손실을 보며 시장에 충격을 주었다. 이른바 '다윗과 골리앗'의 대결로 불렸다.

이 커뮤니티의 특징은 고위험·고수익을 추구하는 투기적 성향이다. 레버리지 옵션 거래, 단기 급등주, 밈meme 주식이 주요 화두다. 펀더멘털 분석보다는 모멘텀과 집단 심리에 근거한 거래가 많다. 기관 투자자를 조롱하는 문화와 과장된 수익 인증 게시물이 빈번하게 올라온다.

미국 개인 투자자들의 심리 온도를 빠르게 감지할 수 있다는 장점이 있지만 정보의 질이 불균형하며, 가치투자나 체계적 분석을 원하는 경우 실질적 도움을 얻기 어렵다.

r/stocks

전통적인 투자 분석을 지향하는 커뮤니타다. 분위기에 휩쓸리는 투기적 매매보다 데이터와 논리를 중시한다. 기업 실적, 밸류에이션, 산업 구조, 리스크 요인 등 기초 분석 중심의 게시물을 올리는 진지한 참여자들로 구성되어 있다.

초보 투자자가 기초 지식, 용어, 재무제표 해석, 분석 방법론에 대해 질문하고 답변을 얻기에 적합한 환경이다. 금융업계에서 종사했던 사람들이 올리는 글도 많으며 그 게시물의 댓글을 보면 상당히 수준 높은 토론으로 이어진다. 체계적인 리서치 프로세스를 공유하면서 "나는 어떤 기준으로 종목을 연구하는가?"와 같은 글을 통해 경험 많은 투자자가 체계적인 주식 리서치 틀과 투자 기준점을 공유하여, 초보자들이 자신만의 투자 철학을 세우는 데 도움을 주기도 한다.

주식 투자를 장기적 관점에서 학습하려는 투자자에게, 레딧은 안정적이고 교육적인 정보를 얻을 수 있는 커뮤니타라는 점에서 매력적이다.

r/investing

주식뿐 아니라 채권, 부동산, 자산 배분 등 폭넓은 투자 주제를 다루는 대형 커뮤니티다. 은퇴자금, 401(k), IRA 운용 전략, 장기 포트폴리오 구성 등 자산관리 중심의 논의가 활발하다.

전 세계 수백만 명의 회원을 보유하고 있으며, 매주 수십만 명의 방문자를 기록한다. 월스트리트의 전문가부터 이제 막 투자를 시작한 대학생까지, 다양한 배경을 가진 사람들이 자유롭게 질문하고 답변하며 의견을 교환한다.

예를 들어 어떤 글쓴이가 "요즘 여러분은 주주 서한에 얼마나 신경 쓰는지 궁금하네요. 아직도 읽으시나요? 만약 읽으신다면 회사에 대한 당신의 관점에 얼마나 영향을 미치나요? 저는 많은 부분이 홍보용 허튼소리처럼 들립니다. 어떻게 생각하시나요?"라고 물으면 수십 개의 상반된 의견이 달린다.

일부는 "요즘 CEO는 잘 짜인 영업사원입니다. 빌 게이츠나 워런 버핏 정도면 귀 기울여서 들을 필요가 있지만 일론 머스크, 샘 올트먼, 마크 저커버그는 들을 필요가 없습니다"라고 주장한다. 다른 일부는 "회사의 비전, 목표 그리고 타임라인이 괜찮은지 확인하는 데 도움이 됩니다. 또한 회사가 역풍을 어떻게 이겨냈는지도 알 수 있습니다"라며 신뢰할 가치가 있다고 평가한다. 이러한 토론을 통해 개별 사건보다 시장 참여자들의 인식과 태도를 읽을 수 있다. 단기 매매보다는 장기 자산관리 관점에서 참고할 가치가 높다.

X.com 주요 계정

X.com의 첫 화면

X.com(구 트위터)은 이제 단순한 SNS를 넘어 글로벌 금융 정보 허브에 가까운 역할을 한다. 펀드매니저, 이코노미스트, 정책 당국자, 기업 CEO까지 다양한 시장 참여자들이 이 플랫폼을 통해 직접 메시지를 발신하며 자기 목소리를 낸다. 과거에는 언론을 통해 간접적으로 전달되던 발언들이 이제는 당사자가 개인 계정을 통해 이를 즉각 공개한다. 그 결과 정보의 전달 속도는 더 빨라졌고, 시장 참여자들은 같은 메시지를 거의 동시에 접하게 되었다.

특히 속도와 확산력이라는 측면에서는 전통 매체를 능가할 때가 많다. 중요한 정책 발언이나 기업 관련 메시지가 올라오면 몇 분 만에 전 세계 투자자들에게 퍼지며, 때로는 시장 가격이 먼저 반응하고 이후 언론이 이를 기사화하는 순서가 형성되기도 한다.

코베이시 레터 The Kobeissi Letter

애덤 코베이시Adam Kobeissi가 이끄는 계정으로, 약 100만 명에 가까운 구독자를 보유하고 있다. 그는 12세에 투자를 시작해 시장의 변화에 깊이 매료되었고, 2015년 고등학생 시절 300달러의 자본으로 투자와 함께 뉴스레터를 시작했다. 이후 미시간대학교에서 경영학을 전공하며 재무와 회계를 체계적으로 익혔고, 이를 바탕으로 자신만의 분석 체계를 구축했다.

거시경제 중심의 분석이 강점이며, S&P500을 비롯해 원자재, 채권, 외환 등 다양한 자산군을 포괄하여 다룬다. 데이터 기반 스토리텔링이 특징이다. 단순 뉴스 전달이 아니라 통계와 차트를 활용해 시장 심리를 설명한다. 상승장 과열 경고나 급락장 기회 포착 등 비교적 명확한 관점을 제시한다. 거시 흐름을 짧은 시간 내 정리해주는 장점이 있지만, 해석이 포함된 콘텐츠인 만큼 맹목적으로 따르는 것은 위험하다.

코베이시 레터의 거시경제 분석은 바쁜 현대인도 짧은 시간 안에 미국 경제의 핵심을 파악할 수 있게 해준다는 점에서 매우 유용하다. 물론 경제학적 용어나 이론이 다소 어렵게 느껴질 수 있지만, 시장에 대한 기본적인 이해가 있는 투자자라면 매일 업데이트되는 내용을 참고하는 것만으로도 충분한 도움을 얻을 수 있다. 실제로 그는 뛰어난 분석 능력을 인정받아 폭스 비즈니스Fox Business, CNBC, 비즈니스 인사이더Business Insider 등 주요 경제 매체에 해설가로 자주 출연하고 있으며, 개인 투자자들 사이에서도 높은 신뢰와 인기를 얻고 있다.

월스트리트 엔진 Wall St Engine

데이터·차트·기술적 지표를 기반으로 시장을 해석하는 계정이다. 감정적 표현을 배제하고 시스템적 접근을 강조한다. 특히 실적 발표 시즌에 강점을 보인다. 발표 기업 일정 정리, 실적 평가를 색상 (긍정·중립·부정)으로 시각화해 직관성을 높인다. 실적 발표가 끝나면 월가에서 핵심 기업에 대한 평가도 다양한 매체를 통해 나오는데 수십 개의 월가 투자 은행들의 의견도 한눈에 파악하기 쉽게 정리 해준다.

최신 뉴스 전달에 대한 속도와 내용 정리 또한 월등하다. 주말 사이에 나오는 속보를 발 빠르게 업로드하며, 내용이 긴 기사는 두세 줄로 정리해 제공하기도 한다. 바쁜 현대인에게 만족도가 상당히 높은 계정이라 생각한다. 초보자들이 잘 활용한다면 미국 주식시장 을 파악하는 데 가장 효과적인 지름길이다.

리즈 앤 손더스 Liz Ann Sonders

월가에서 영향력과 신뢰도를 동시에 인정받는 전략가다. 찰스 슈왑 Charles Schwab의 상무이사이자 최고 투자 전략가로, 미국 거대 금융기관의 공식적인 시장 분석과 자산 배분 전략을 총괄한다. 30년

이 넘는 경력을 지닌 베테랑으로, 복잡한 거시경제 데이터를 개인 투자자도 이해하기 쉬운 언어로 설명하는 능력이 뛰어나 '교육자형 전략가'로 평가받는다.

그녀의 X 계정은 사실상 찰스 슈왑의 시장 브리핑 창구처럼 활용된다. 특정 종목을 추천하기보다 물가, 노동시장, 경기 선행지표 등 거시경제 데이터를 중심으로 시장 흐름을 설명하는 포스트가 대부분이다.

투자 철학도 명확하다. "패닉은 전략이 아니다(Panic is not a strategy)." 급락장에서 공포에 휩쓸린 투매나 급등장에서의 추격 매수를 경계하며, 감정보다는 규율과 원칙에 근거한 투자를 강조한다. 또한 "지금 들어가야 하나, 나와야 하나" 같은 단기적 질문보다 장기적인 계획과 과정이 더 중요하다는 관점을 일관되게 보여준다.

나는 거시경제의 큰 방향과 주요 전략가들이 어디에 주목하고 있는지 확인할 때 이 계정을 주로 참고한다. 주요 지수 흐름과 빅테크 동향, 주간·월간 섹터 ETF 자금 유입 데이터를 꾸준히 공유하기 때문에 시장의 전반적인 수급과 큰 그림을 파악하는 데 도움이 된다.

찰리 빌레로Charlie Bilello

찰리 빌레로는 단순한 금융 블로거가 아니라 월가에서 높은 신뢰도를 확보한 시장 전략가다. 현재 크리에이티브 플래닝Creative Planning의 수석 시장 전략가로 활동하고 있다. 경제학 학사, 재무·회계 MBA, 법학 박사, 공인회계사, 공인시장기술분석가 자격을 갖춘 이력은 그의 전문성을 보여준다. 주요 금융 미디어에서 반드시 팔로우해야 할 전문가로 꼽힐 만큼 영향력이 크다. 그의 분석은 배런즈Barron's, 블룸버그, 〈월스트리트저널〉 등에서도 자주 인용된다.

이 계정의 가장 큰 특징은 차트와 그래프 중심의 데이터 시각화다. 시장 상황을 직관적으로 파악할 수 있도록 설계된 콘텐츠가 강점이다. 과거와 현재를 비교하는 역사적 사이클 분석 역시 탁월하다. 특히 '더 위크 오브 차트The Week of Charts'라는 주간 시리즈는 이러한 특성을 집약적으로 보여준다.

주식뿐 아니라 채권, 부동산, 인플레이션, 실업률 등 거시 지표를 폭넓게 다루기 때문에 시장 전반의 흐름을 파악하는 데 적합하다. 그의 투자 철학은 명확하다. 그는 자극적인 시장 뉴스는 '노이즈'에 불과하며, 장기적인 추세와 본질적인 데이터가 진짜 '신호'라고 강조한다. 투자자들이 단기 변동성에 흔들리지 않도록 다양한 자료와 글을 통해 방향을 제시하는 것이다. 나아가 과거 데이터와 현재 시장을 비교하는 역사적 관점을 바탕으로 시장의 큰 흐름을 읽을 수 있는 통찰을 제공한다. 개인 투자자라면 한 번쯤 방문해 시장의 흐름을 점검해보는 것도 충분히 가치가 있다.

닉 티미라오스Nick Timiraos

닉 티미라오스는 〈월스트리트저널〉의 수석 경제 특파원이다.

2006년 〈월스트리트저널〉에 합류했다. 미 재무부, 미국 주택 및 주택담보대출 시장에 대한 전문가이며 최근 연방준비제도 이사회와 미국 경제 정책의 주요 동향을 취재하는 것으로 유명하다. 그래서 '연준의 비공식 대변인', '연준 통역사'로 불린다. 이는 연준 고위 관계자들과의 깊은 네트워크를 기반으로 한 취재력 덕분이다. 연방공개시장위원회FOMC 회의 결과 발표 직전이나 주요 경제지표 발표 직후 그의 기사와 포스트가 시장을 크게 흔드는 이유도 여기에 있다. 그의 메시지는 시장 참가자들에게 단순한 의견이 아니라 연준의 사고방식을 추론할 수 있는 '단서'로 받아들여진다.

FOMC 성명서, 의사록, 연준 위원 연설의 미묘한 표현 변화까지 신속하고 정확하게 요약한다. 전문 트레이더와 기관 투자자들이 그의 계정을 실시간으로 모니터링하는 이유다. 무엇보다 기자로서 감정과 의견을 배제하고 팩트 중심의 톤을 유지한다는 점이 신뢰를 높인다.

이 계정을 통해 연준이 설정하는 '게임의 룰'을 읽을 수 있다. 금리 정책은 주식시장뿐 아니라 대출 금리, 예·적금 수익률 등 실물경제 전반에 영향을 미친다. 연준이 어떤 지표(고용, 물가 등)를 중시하는지, 현재 경제를 어떻게 진단하는지 파악하는 데 결정적 도움을 준다. 거시 전략 측면에서 필수적인 정보원이다.

지로헤지ZeroHedge

2008년 금융위기 직후 등장한 금융 블로그에서 출발해, 현재는 정치·사회 이슈까지 다루는 대안 미디어 성격을 띠고 있다. 모든 콘텐츠는 'Tyler Durden(타일러 더든)'이라는 필명으로 게시된다. 이는 영화 〈파이트 클럽Fight Club〉의 주인공 이름에서 빌려온 것으로, 주류 질서에 대한 저항과 익명성을 상징한다. 여러 필자가 같은 이름으로 콘텐츠를 생산하는 구조다.

이 매체의 핵심 정체성은 기득권과 주류 언론에 대한 강한 불신이다. 정부, 중앙은행(특히 연준), 대형 금융기관이 정보를 독점하고 대중을 기만한다는 관점을 전제로 '숨겨진 진실'을 폭로한다는 서사를 강조한다.

특징적인 것은 선정적이고 자극적인 헤드라인으로 시선을 사로잡는 점이다. "붕괴 직전On The Verge Of Collapse", "거대 음모Massive Conspiracy", "모든 것이 거짓말Everything Is A Lie" 같은 표현을 사용하며 독자의 감정을 자극한다. 시장 붕괴, 하이퍼인플레이션, 시스템 위기 가능성을 지속적으로 경고하고, 상승장은 인위적 거품이라고 해석하는 경우가 많다. 강한 내러티브를 제공한다는 장점이 있지만, 객관적 근거가 충분하지 않은 글도 적지 않다.

투자에서 가장 중요한 것은 팩트와 데이터다. 다만 같은 현상을 다양한 관점에서 바라보는 과정 역시 의미가 있다. 이 계정은 신뢰성과 검증의 문제가 분명 존재하지만, 이런 시각을 제한적으로 참고자료로 활용하는 것은 사고의 폭을 넓히는 데 도움이 될 수 있다. 투자는 수많은 정보 속에서 자신만의 기준을 만들어가는 과정이기 때문이다.

이코노미스트 The Economist

1843년 영국에서 창간된 주간지로, 경제뿐만 아니라 정치·사회·문화·기술까지 폭넓게 다루는 글로벌 종합 매체다. X 계정은 핵심 기사와 분석을 확산하는 주요 채널로 활용된다. 이 매체는 특정 국가의 시각이 아니라 글로벌한 관점에서 이슈를 해석하는 것으로 유명하다. 주요 독자층 역시 정책 결정자, 기업가, 전문직 종사자 등 전 세계 엘리트 계층이다. 편집 방향도 비교적 분명하다. 자유무역, 세계화, 규제 완화, 개인의 자유를 옹호하며 스스로를 '진보를 가로막는 무지와 싸우는 매체'라고 규정한다. 그로 인해 보수와 진보 양쪽 모두에서 비판받기도 한다. 이러한 입장을 스스로 '극단적 중도 radical center'라고 표현한다.

이 계정을 통해 심층 기사와 정교한 차트·그래프를 접할 수 있다. 단순한 뉴스 전달보다는 구조적 분석과 정책 방향 제시가 강점이다. 거시경제가 다소 추상적으로 느껴질 수 있지만, 글로벌 정책 흐름과 금융 엘리트의 시각을 이해하는 데 도움이 되는 하나의 나침반 역할을 한다.

정보가 돈이 되는 X 활용법

X는 블룸버그나 로이터 같은 고가의 유료 매체보다도 정보가 더 빠르게 유통되는 플랫폼으로 자리 잡았다. 기업의 실적 발표, 연준 관계자의 발언, 트럼프의 정책 메시지, 전쟁과 지정학적 사건까지 전 세계 전문가들이 거의 실시간에 가깝게 공유한다. 시장 관련 정보가 초 단위로 올라오는 공간이다. 또 하나의 특징은 '날것 그대로의 정보'라는 점이다. 일론 머스크 같은 빅테크 CEO, 빌 애크먼Bill Ackman 같은 헤지펀드 매니저, 그리고 수많은 경제학자가 언론이라는 필터를 거치지 않고 자신의 생각을 거침없이 드러낸다. 투자자들은 가공된 기사보다 날것 그대로의 의견을 접할 수 있다.

여기에 과거 트위터 시절부터 축적된 금융 커뮤니티와 데이터 흐름도 강점이다. 수년간 쌓인 투자자 네트워크와 정보 공유 문화 덕분에 다른 플랫폼이 단기간에 따라오기 어려운 금융 정보 생태계가 형성되어 있다. 다양한 전문가와 투자자들이 서로 팔로우하며 의견을 교환하는 구조 속에서 자연스럽게 양질의 정보도 쌓인다.

X를 단순한 정보를 얻기 위한 SNS가 아닌 개인 맞춤형 블룸버그로 바꿀 수 있다. 하지만 SNS 특성상 알고리즘과 과도한 정보량 때문에 투자와 무관한 콘텐츠, 즉 노이즈에 쉽게 노출될 수도 있다. 그렇다면 이 플랫폼을 어떻게 정리하고 활용해야 할까. 이제 X를 개인화된 정보 도구로 만드는 방법을 살펴보자.

1. 리스트 기능 활용: 나만의 경제 뉴스룸 만들기

X를 효율적으로 활용하는 가장 간단한 방법은 리스트list 기능이다. 이는 알고리즘이 추천하는 광고성 콘텐츠나 불필요한 노이즈에서 벗어나는 가장 확실한 방법이기도 하다. 리스트를 활용하면 내가 보고 싶은 계정만 따로 묶어 실시간으로 올라오는 글을 확인하는 전용 타임라인을 만들 수 있다. 예를 들어 뉴스, 주식 전략, 거시경제 데이터, 기업 분석 등 카테고리별로 계정을 나눠 정리해두면

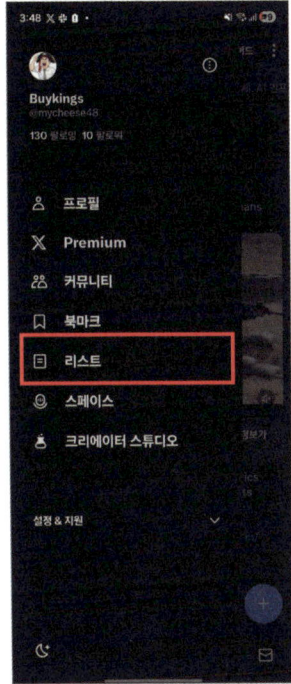

• **1단계** - 프로필 사진을 클릭하고 왼쪽에 '리스트'라는 부분을 클릭한다.

• **2단계** - 오른쪽 아래 새로운 리스트 만들기를 누른다.

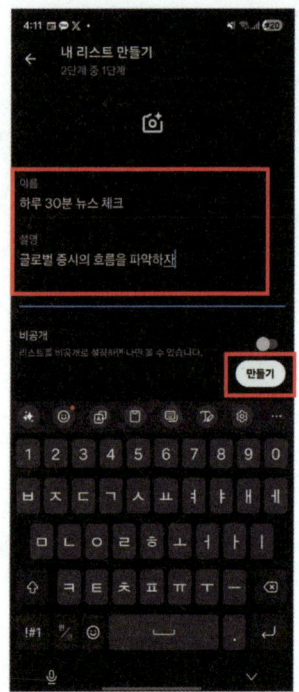

- **3단계** - 내가 원하는 이름과 설명을 넣은 뒤(이름만 넣어도 된다), 만들기를 클릭한다.

- **4단계** - 다시 밖으로 나가 방이 제대로 만들어졌는지 확인한 후 고정 핀을 클릭한다.

하나의 개인 맞춤형 뉴스룸이 만들어진다. 특히 바쁜 직장인이라면 스마트폰에서 리스트를 설정해두는 것이 좋다. 하루 10분 정도만 투자해도 주요 계정들의 최신 글을 빠르게 훑어보며 시장의 핵심 흐름을 파악할 수 있다.

　이 과정을 거치면 경제, 정치, AI, 건강 등 주제별로 여러 개의 '방'을 만들 수 있다. 각 리스트에 관련 계정들을 추가해두면 자연스럽

- • **5단계** - 방으로 들어가 '리스트 수 정'을 클릭한다.
- • **6단계** - '추천'을 눌러 내가 원하는 계정을 추가한다.

게 주제별로 정리된 개인 뉴스 플랫폼이 완성된다. 예를 들어 경제, 거시 데이터, 기업 분석, 정책 이슈처럼 카테고리를 나눠두면 필요 한 정보만 빠르게 확인할 수 있다. 이렇게 정리된 리스트는 X 메인 화면 상단에 탭 형태로 표시된다.

사용자는 해당 리스트 이름을 클릭하거나 좌우로 스와이프하면 서 각 리스트에 포함된 계정들이 올린 글을 빠르게 확인할 수 있다.

하나의 타임라인이 아니라 여러 개의 전문 뉴스 피드를 동시에 운영하는 구조가 만들어지는 셈이다.

예시) 각 방을 그룹이라고 가정한다면 그룹마다 원하는 테마 또는 섹터로 모아둘 수도 있다.

그룹 1 - 뉴스 헤드라인만 전달하는 계정 모음

그룹 2 - 매크로/ 애널리스트 계정 모음

그룹 3 - 데이터 / 차트 계정 모음

그룹 4 - 미국 정치에 관련된 계정 모음

그룹 5 - 기술적 지표를 활용하는 계정 모음

리스트에 계정을 추가하기 전에는 해당 계정이 실제로 어떻게 운영되는지 먼저 확인하는 과정이 중요하다. 단순히 유명하다는 이유로 추

화면 상단에 탭 형태로 리스트가 나타난다.

가하기보다, 게시물이 얼마나 꾸준히 올라오는지, 그리고 콘텐츠의

질이 일정 수준 이상인지 살펴봐야
한다.

이렇게 검증된 계정들을 하나씩
추가하며 리스트를 채워나간다. 월
가의 대표 헤지펀드 회사 계정, 전설
적인 투자자, 기업 CEO, 애널리스트,
펀드매니저 등 다양한 참여자들을
포함하면 서로 다른 관점에서 시장
을 해석하는 글을 동시에 접할 수 있
어 이해의 폭이 한층 넓어진다.

처음 세팅 단계에 얼마나 공을 들
이느냐가 이후 정보의 질을 좌우한
다. 또한 X의 추천 알고리즘을 통해

새로운 계정이 보인다면, 바로 팔로우하기보다는 어떤 사람인지,
어떤 관점에서 글을 쓰는지 충분히 관찰한 뒤 판단하는 것이 좋다.

2. 캐시태그•와 고급 검색 활용

원하는 정보를 찾을 때 대부분은 키워드 검색을 활용한다. 하지

● 캐시태그cahshtag란 주식이나 암호화폐 종목 코드 앞에 달러 기호($)를 붙이는 것으로, 같은 태그
를 사용하는 다른 대화나 시장 심리, 동향을 간편하게 파악할 때 사용하면 요긴하다. 해시태그와 비
슷한 기능으로 투자 금융 관련 분야에서 주로 사용된다.

만 단순 키워드로 검색하면 광고, 알고리즘 추천, 관련 없는 게시물 등 다양한 노이즈가 함께 노출되기 때문에 필요한 정보만 골라 읽어야 하는 수고로움이 생긴다. 이럴 때 유용한 방법이 티커ticker 검색이다. 예를 들어 검색창에 $AAPL이나 $NVDA처럼 입력하면 해당 종목을 언급한 게시물들을 모아서 볼 수 있다. 이 방식은 애플이나 엔비디아처럼 특정 기업을 언급할 때 투자자들이 공통적으로 사용하는 표기법이기 때문에 가능하다. 결과적으로 X 내부에서 형성된 일종의 약속된 규칙을 활용해 관련성 높은 실시간 정보만 선별적으로 확인할 수 있는 것이다.

고급 검색 활용법

- **캐시태그** - 개별 종목 앞에 $를 붙여 검색하기. 예) $NVDA, $TSLA 등
- **정확한 문구 쓰기** - 특정 단어 조합이 결과에 반드시 포함되어야 할 때 큰따옴표를 쓴다. 예) "Earnings call", "CPI data", "interest rate" 등
- **하나 이상 조합하기** - 2개 이상 키워드를 결합할 때 'OR'을 쓴다. 예) $TSLA or $MSFT, "CPI data" or "Jerome powell"
- **특정 단어를 빼기** - 특정 단어를 결괏값에서 빼고 싶을 때는 '-'를 쓴다. 예) $NVDA - bitcoin, $AAPL - siri 등

영향력 있는 글을 필터링하는 방법

- **'좋아요' 숫자 이용**

min_faves:숫자 = 설정한 숫자 이상의 '좋아요'가 많은 글만 보여준다. 예) $TSLA min_faves:200 (최소 200개 이상의 '좋아요'를 받은 테슬라 관련 글)

- **리트윗 숫자 이용**

min_retweets:숫자 = 설정한 숫자 이상의 공유가 많은, 파급력이 컸던 소식을 찾을 때 좋다.

- **콘텐츠 유형 필터링**

① filter:links = 기사나 리포트 링크가 포함된 트윗만 추려서 보여준다.

② filter:images = 차트, 인포그래픽, 실적 요약표 등을 찾을 때 유용하다.

③ filter:video = 방송 클립이나 인터뷰 영상을 빠르게 찾아볼 때 유용하다.

④ from:계정ID = 특정 인물이 쓴 글만 검색한다.

⑤ @계정ID = 해당 계정이 언급된 모든 트윗을 찾는다.

⑥ Since:YYYY-MM-DD = 특정 날짜 이후의 글을 보여준다. 예) since:2026-01-05 (2026년 1월 5일 이후의 글)

⑦ Until:YYYY-MM-DD = 특정 날짜 이전의 글을 보여준다. 예) until:2025-07-10 (2025년 7월 10일 이전의 글)

• 검색 조합 예시

① $MSFT(earnings OR revenue) • min_faves:50 filter:links
= 마이크로소프트의 실적 관련해서 '좋아요'를 50개 이상 받은 기사나 링크를 보여준다.

② from:federalreserve OR from:bloomberg "interest rates"
= 연준 계정과 블룸버그 계정에서 금리와 관련된 글을 보여준다.

③ $AMZN filter:images since:2025-01-02
= 아마존 관련된 차트나 데이터 이미지를 2025년 1월 2일 이후만 모아서 보여준다.

④ AI (semiconductor or software) - crypto min_faves:100
= AI 반도체와 소프트웨어를 보여주되 크립토 관련 글은 빼주고 100개 이상의 '좋아요'가 달린 글들만 보여준다.

⑤ from:wallstengine $spx
= wall st engine이 쓴 글 중에 S&P500 관련된 글들만 보여준다.

처음 사용할 때는 다소 어렵게 느껴질 수 있다. 하지만 위에 소개

● X에서 특정 키워드를 괄호로 묶으면 우선순위를 지정하여 검색할 수 있다.

한 명령어를 한쪽에 정리해두고 복사해서 붙여넣기 방식으로 활용하면, 방대한 정보 속에서도 내 입맛에 맞는 데이터만 빠르게 골라낼 수 있다. 이 과정을 반복하다 보면 자연스럽게 검색 방식에 익숙해지고, 나만의 정보 필터링 기준도 만들어진다. 처음이라면 하나씩 연습해보기를 권한다.

3. 알고리즘을 역으로 이용하기

알고리즘은 플랫폼에 쌓인 방대한 데이터 가운데 사용자에게 가장 가치 있을 것으로 판단되는 정보를 선별해 보여주는 시스템이다. 미국의 많은 빅테크 기업들이 이 알고리즘을 통해 높은 효율성과 수익성을 확보하며 시장을 지배하고 있다. 다만 사용자 입장에서는 왜 특정 콘텐츠가 자신에게 노출되었는지 이해하기 어려울 때도 많다.

X를 주식시장과 경제 정보를 얻는 도구로 활용하려면, 이 알고리즘을 오히려 역으로 이용하는 것이 효과적이다. 핵심적인 방법은 2가지다. '관심 없음not interested' 표시와 커뮤니티 활용이다. 먼저 주식이나 경제와 무관한 정치 논쟁, 연예 뉴스 등이 보일 때마다 즉시 '관심 없음'으로 표시하는 것이다. 이 작업을 반복하면 알고리즘은 사용자의 관심이 경제와 투자 분야에 있다고 판단하고, 관련 콘텐츠의 노출을 점점 늘린다. 보통 1~2주 정도만 꾸준히 정리해도 타임라인의 성격이 크게 달라진다.

두 번째 방법은 관심 분야 커뮤니티에 참여하는 것이다. 예를 들어 '스톡 인베스터스Stock Investors', '테크 인베스터스Tech Investors', '스톡 트레이더스Stock Traders' 같은 커뮤니티에 가입하면 해당 주제의 콘텐츠와 사용자 활동이 지속적으로 노출된다. 특히 중요한 점은 플랫폼에 관심 신호를 꾸준히 보내는 것이다. 관심 없는 콘텐츠는 제거하고, 관심 있는 분야에는 적극적으로 참여하면 자연스럽게 노이즈는 줄어들고 타임라인은 투자와 경제 중심의 개인 플랫폼으로 정리된다.

6장 월가 투자자들이 매달 챙기는 경제지표

경제지표 캘린더는 긴 여행을 떠나는 투자자에게 나침반과 같다. 단순히 주요 경제지표의 발표 일정을 확인하는 도구가 아니라, 시장의 기대치와 실제 발표 수치 사이의 괴리를 측정하는 기준점이기 때문이다.

월가의 기관 투자자들이 이 일정에 집착하는 이유도 여기에 있다. 숫자 자체보다 중요한 것은 '예상치 대비 실제 결과'이며, 그 차이가 곧 변동성의 출발점이 된다. 일반 투자자 역시 고용지표와 물가지표가 발표되는 날만큼은 반드시 시장 분위기를 점검해야 한다. 특정 뉴스 헤드라인이나 단기 급등락에 휩쓸리기보다, 지금 시장이 무엇을 우려하고 무엇을 기대하고 있는지 냉정하게 확인해야 한다.

연준 기준금리:
시장을 관통하는 중심축

—

금리는 경제의 전 분야를 연결하는 핵심 변수다. 미국 주식에 투자한다면 금리 정책이 시장을 얼마나 민감하게 흔드는지 이해해야 한다.

코로나 시기 미국 정부는 세 차례에 걸쳐 대규모 재정 지원금을 지급했다. 이후 인플레이션 우려가 본격화되었고, 2022년 3월부터 시작된 금리 인상은 2023년 7월에야 멈추었다. 사실상 제로금리 수준에서 5.25퍼센트(525bp)까지 끌어올린 급격한 긴축이었다. 그 여파로 2022년 미국 증시는 약세장을 겪었고, 특히 정보기술 섹터를 중심으로 한 성장주가 큰 폭으로 하락했다. 엔비디아 역시 고점 대비 60퍼센트 이상 급락했다.

이 사례가 말해주는 것은 단순하다. 금리는 숫자 하나가 아니라, 자산 가격을 재조정하는 '기준점'이다. 그렇다면 금리는 어떤 경로를 통해 주식시장에 영향을 미칠까. 이에 대해 분야를 나누어 구체적으로 살펴보자.

1. 기업 가치 평가에 직접적인 영향

주식시장은 주가와 관계된 모든 요소를 선반영한다. 단순하게 정의하자면 선반영은 기업이 미래에 벌어들일 현금을 현재 가치로 끌어와 주가에 미리 녹여내는 과정이다. 이때 현재 가치를 계산하는 기준점이 바로 금리(할인율)다.

원리는 명확하다. 금리가 오르면 할인율이 높아져 기업의 현재 가치는 기존보다 낮게 평가되고 반대로 금리가 내려가면 할인율이 낮아지면서, 먼 미래의 성장을 먹고사는 성장주를 중심으로 주가가 강한 탄력을 받기 시작한다. 그래서 금리 인상 국면에서는 미래 성장 스토리에 의존하는 성장주의 변동성이 커진다. 이들의 몸값은 '미래 가치'라는 저울 위에 올라 있기 때문이다.

2. 자금 이동에 미치는 영향

금리가 상승한다는 것은 화폐의 가치, 즉 이자가 비싸진다는 것을 의미한다. 자본은 더 높은 수익을 찾아 움직이는 생물과 같아서, 금리가 오르면 글로벌 자금은 자연스럽게 이자 수익이 높은 국가나 안전한 국채 시장으로 유입된다. 이 과정에서 상대적으로 변동성이 큰 위험자산에서는 자금이 빠져나가는 '역풍'이 불기도 한다.

반대로 금리가 낮아지면 이자 수익에 묶여 있던 자금이 다시 시장으로 쏟아져 나온다. 낮은 금리에 만족하지 못한 투자자들은 더 높은 수익률을 갈망하게 되고, 이 거대한 자금의 물줄기는 주식시장으로 흘러 들어가 자산 가격을 밀어 올리는 강력한 동력이 된다. 코로나 팬데믹 이후로 높아진 금리 환경에서 시장이 그토록 금리 인하를 원했던 이유이기도 하다.

3. 소비와 투자에 미치는 영향

금리 변화에 가장 즉각적이고 예민하게 반응하는 곳은 결국 기업 현장이다. 대규모 투자가 필수적인 기업들에 금리 상승은 곧 비용의 폭등을 의미하고, 이는 외부 자금조달이 생존의 열쇠인 중소형 기업에 치명적이다.

이런 흐름은 개인의 지갑으로 이어진다. 주택담보대출(모기지)부터 자동차 할부, 학자금 대출에 이르기까지 이자 부담이 가중되면 소비자들은 가장 먼저 지출을 줄이기 시작한다. 전체 GDP의 약 70퍼센트가 소비로 지탱되는 미국 경제에서 이러한 소비 위축은 기업 실적을 무너지게 만드는 요인으로 작용한다. 수익성이 나빠진 기업들이 인건비를 절감하고 설비투자를 철회하며 본격적인 구조조정에 돌입하는 '냉각의 악순환'이 시작되는 것이다.

4. 인플레이션에 미치는 영향

금리 정책의 궁극적인 목적은 경기의 속도를 조절하는 데 있다. 낮은 금리는 경기 부양과 자산시장 활성화에 도움을 주지만, 과열되면 인플레이션을 자극한다. 반대로 높은 금리는 물가를 안정시키는 역할을 하지만 성장의 속도는 대개 둔화한다.

미국 연준이 '물가 안정'과 '고용 안정'을 최우선 목표로 삼는 이유도 이 균형을 맞추기 위해서다. 금리는 경제라는 자동차의 엑셀과 브레이크를 조절하는 장치다. 어느 한쪽으로 과도하게 기울지 않도록 균형을 유지하는 역할을 한다.

경제지표 캘린더를 챙긴다는 것은 단순히 발표 날짜를 확인하는 일이 아니다. 시장이 어떤 경로로 움직이는지, 자금이 어디로 이동하는지, 기업 가치 평가의 기준이 어떻게 변하는지 등의 흐름을 읽는 작업이다. 특히 금리는 그 중심에 서 있는 변수다. 금리를 이해하지 못하면 시장의 큰 물줄기를 읽기 어렵다. 반대로 금리의 방향과 시장의 기대를 함께 읽을 수 있다면, 우리는 변동성 속에서도 더 명확한 판단을 내릴 수 있다.

- **발표 시기**: 1월, 3월, 4월, 6월, 7월, 9월, 10월, 12월 등 1년 중 8번. 매 분기 중간 달은 FOMC가 없다.
- **실전 투자 포인트**: 3월, 6월, 9월, 12월에 공개되는 점도표를 통해 향후 금리 경로에 대한 연준 위원들의 전망을 점검해야 한다. 점도표는 경제성장률과 기준금리 예상 수준을 함께 제시하기 때문에 통화 정책의 방향성을 가늠하는 핵심 자료로 활용된다.

만약 발표된 금리 전망이 시장의 예상보다 높게 나오면, 금리가 더 오래 높은 수준을 유지할 가능성이 커진다. 이 경우 돈을 빌리는 비용이 계속 부담이 되기 때문에 성장주나 중소형주 같은 종목에는 불리하게 작용하고 시장 변동성도 커질 수 있다. 반대로 금리 전망이 시장 기대에 부합하거나 더 낮게 제시된다면, 이는 유동성 환경이 우호적으로 유지된다는 신호로 해석되며 이른바 '골디락스'• 시나리오로 연결되어 주식시장에 긍정적으로 작용할 가능성이 크다.

물가:
PPI, CPI, PCE 지표를 읽는 법
—

물가는 숫자 이상의 의미를 지닌다. 그것은 소비자의 체온이자 기업의 원가 구조이며, 동시에 금리 정책을 움직이는 출발점이다. 월가가 매달 물가지표 발표에 촉각을 곤두세우는 이유는 단순히 "얼마가 올랐는가"를 확인하기 위해서가 아니다. 이 숫자가 향후 금리 경로를 어떻게 바꿀지, 그리고 그 변화가 자산시장에 어떤 파장을 일으킬지를 가늠하기 위해서다.

생산자물가지수

생산자물가지수Producer Price Index, PPI는 국내 생산자가 판매하는 상품과 서비스의 가격 변동을 측정하는 지표다. 쉽게 말해 소비자

● 골디락스goldilocks는 경제가 너무 뜨겁지도, 너무 차갑지도 않은 이상적인 상태를 뜻한다. 즉, 경기는 안정적으로 성장하지만 물가 상승은 크지 않아 금리 인상 압박도 강하지 않은 상황이다. 이 때문에 기업 실적과 유동성이 동시에 뒷받침되면서 주식시장에는 비교적 우호적인 환경으로 받아들여진다.

가 마트에서 지불하는 가격이 아니라, 공장에서 물건을 출하할 때 매기는 가격이라고 보면 이해가 빠르다.

이 지표는 원재료 → 중간재 → 완제품으로 이어지는 생산 단계 전반의 가격 변화를 추적한다. 즉, 기업의 '원가 압력'을 보여주는 지표다.

PPI는 흔히 '인플레이션의 선행지표'로 불린다. 기업의 생산비용이 오르면, 그 부담을 모두 스스로 감당하기는 어렵다. 그래서 가격을 올려 소비자에게 일부를 전가하게 되고, 이는 시간이 지나 소비자물가지수CPI 상승으로 이어질 가능성이 크다.

따라서 PPI 상승은 "앞으로 소비자 물가가 오를 수도 있다"는 신호로 해석된다. 연준 위원들이 PPI 흐름을 주의 깊게 보는 이유도 여기에 있다. PPI의 변화가 향후 CPI에 어떤 영향을 줄지 판단해야 금리 정책의 방향을 설정할 수 있기 때문이다.

- **발표 시기**: 매월 중순쯤 발표되며, 통상 CPI 발표 1~2일 전에 나온다.
- **실전 투자 포인트**: PPI에서 중요한 포인트는 '예상 대비 결과'다. 만약 PPI가 시장 예상보다 높게 발표되면, 투자자들은 기대 인플레이션을 상향 조정한다. 이는 금리가 다시 올라갈 수 있다는 신호로 해석될 수 있다.

이 경우 금리에 민감한 기술주나 헬스케어(바이오) 업종이 먼저 혼들릴 가능성이 크다. 다만 시장이 이미 금리 방향에 무관심한 국면이거나, 물가보다 다른 이슈에 집중하고 있다면 반응은 제한적일 수 있다. 결국 PPI의 위력은 '시장 관심도'에 비례하는 것이다.

소비자물가지수

미국 GDP의 약 70퍼센트는 소비에 달려 있다. 그만큼 미국 경제는 소비 중심 구조를 가진다. 소비자물가지수Consumer Price Index, CPI는 이러한 소비 활동에서 실제로 지불되는 상품과 서비스 가격의 평균 변동을 측정하는 지표다. 즉, 소비자의 지갑에서 직접 체감되는 물가다.

CPI는 매월 중순에 발표되며, 헤드라인 CPI(식품과 에너지를 포함한 전체 물가)와 근원 CPI(식품과 에너지를 제외한 물가)로 구분된다. 이렇게 식품과 에너지를 제외한 물가지수를 별도로 측정하는 이유는 이 두 항목이 기후, 국제 유가, 지정학적 변수 등 외부 요인에 따라 급등락하는 특성이 있기 때문이다. 일시적 충격에 따른 '노이즈'를 제거하고, 더욱 구조적인 물가 흐름을 보기 위해 근원 CPI를 별도로 산출하는 것이다. 연준이 금리 정책 판단에서 근원 CPI를 더 중시하는 이유도 여기에 있다. 정책은 단기 변동보다 지속적인 추세에 반응하기 때문이다.

물가가 상승하면 연준은 금리를 인상해 유동성을 흡수하고 수요를 둔화시킨다. 반대로 물가가 안정되거나 경기 둔화 신호가 뚜렷해지면 금리를 인하해 경제를 부양한다. 즉, 물가지표는 금리의 방향을 결정하는 핵심 재료다.

CPI가 예상보다 높게 나오면 시장은 긴축 장기화를 우려하고, 주식시장은 압박받을 수 있다. 특히 미래 성장 가치에 의존하는 성장주는 할인율 상승의 직격탄을 맞는다. 반대로 CPI가 둔화 신호를 보이면 "금리 인하가 가까워졌다"는 기대가 형성되며 위험자산에 온기가 돌기 시작한다.

구분	헤드라인 CPI Headline CPI	근원 CPI Core CPI
정의	모든 상품과 서비스의 가격 변동을 포함한 종합적인 물가지표	변동성이 큰 특정 항목을 제외한 물가지표
포함 항목	식품 + 에너지 포함	식품 + 에너지 제외
특징	환경 요인이나 지정학적 이슈(전쟁 등)에 따라 급등락(변동성)이 심함	외부 충격에 의한 일시적인 가격 변동(노이즈)이 제거됨
목적	가계가 실제로 체감하는 전반적인 물가 수준 확인	장기적이고 실질적인 물가 추세 및 기조 판단

- **발표 시기**: 매월 중순
- **실전 투자 포인트**: 인플레이션 상승은 결국 금리 상승이라는 공식으로 반응한다. 2022년 금리 인상 시기는 극단적인 사례였지만, 시장이 어떤 방향을 우려하는지는 분명히 보여주었다. 금

리 인상은 결국 자본조달이 필요하고 이자 비용에 큰 영향을 받는 기술 및 성장주, 바이오, 부동산, 임의소비재 섹터 등에 영향을 미친다. 인플레이션이 일시적인 변동성에 그치는지 아니면 특정 방향을 두고 움직이는지 확인해야 한다. 조금 더 기민하게 움직이는 투자자라면 클리블랜드 연준에서 발표하는 '나우캐스팅nowcasting'을 참고해 실시간으로 알려주는 물가 수치를 확인하면서 시장의 기대 심리를 미리 읽을 수 있다.

개인소비지출

물가지표에서 또 하나 중요하게 보는 지표가 있다. CPI보다 약 2주 늦게 발표되는 개인소비지출Personal Consumption Expenditures, PCE이다. 연준이 통화 정책을 결정할 때 공식 기준으로 삼는 물가지표이기도 하다.

PCE는 내구재, 비내구재, 서비스 분야로 나뉘며, 그중에서도 핵심은 서비스 물가다. 단순히 비중이 높아서가 아니라 미국 경제 구조와 직결되어 있기 때문이다. 미국 GDP의 약 70퍼센트 이상은 서비스업에서 발생한다. 제조업(상품) 가격이 아무리 하락해도 서비스(의료, 주거, 교육, 금융 등) 가격이 안정되지 않으면 전체 물가는 쉽게 잡히지 않는다.

상품 가격은 공급망 상황이나 원자재 가격 변화에 따라 비교적 유연하게 반응한다. 유가 하락이나 기업 간 가격 경쟁을 통해 조정이 가능하다. 그러나 서비스 물가는 다르다. 임대료가 한번 올라가면 쉽게 내려오지 않듯, 서비스 물가는 하방 경직성이 강하다.

그 이유는 구조에 있다. 서비스 원가의 상당 부분은 인건비다. 서비스 물가 상승은 임금 상승과 밀접하게 연결된다. 임금이 오르면 기업은 가격을 낮추기 어렵고, 이는 구조적인 인플레이션 압력으로 이어진다. 그래서 연준도 서비스 물가를 특히 예의 주시한다. 그럼 CPI와 PCE의 차이점은 무엇일까.

CPI는 특정 시점에 담아놓은 장바구니 품목이 고정되어 있다고 가정하고 계산한다. 즉, 소고기 가격이 폭등해도 소비자가 여전히 비싼 소고기를 똑같이 먹고 있다고 본다. 이 방식은 직관적이지만 현실의 소비 변화를 반영하지 못해 물가 상승분이 다소 과대평가될 가능성이 있다.

반면에 PCE는 소비자의 실제 행동 변화를 반영한다. 소고기 가격이 오르면 돼지고기나 닭고기로 이동하는 대체 효과를 계산식에 넣는다. 소비 패턴이 변하면 가중치도 함께 조정된다. 그렇다 보니 CPI보다 PCE의 물가 상승률이 낮게 나오는 경향이 있다.

의료비 반영 방식에도 차이가 있다. CPI는 소비자가 직접 지불한 의료비 중심으로 계산한다. 반면 PCE는 정부나 보험회사가 대신 지출한 의료비까지 포함한다. 그 결과 의료 부문의 비중이 PCE에서 더 크게 나타난다. 의료 지출이 큰 미국 경제 구조를 감안하면 중요한 차이다.

연준이 PCE를 더 중시하는 이유도 여기에 있다. PCE는 균형 잡힌 비중과 소비 구조를 반영해 물가의 '질적 흐름'을 보여준다고 보기 때문이다. 단순히 가격이 얼마나 올랐는가가 아니라, 소비자가 어떻게 대응하고 있는지, 그리고 정부지출까지 포함한 국가 경제 전체의 인플레이션 압력을 종합적으로 드러낸다는 점에서 정책 판단에 적합하다고 판단한다.

연준은 물가 목표를 PCE 기준 2퍼센트로 설정하고 있다. 따라서 CPI가 시장의 단기 반응을 이끄는 지표라면, PCE는 통화 정책 방향을 가늠하는 보다 직접적인 기준이라고 볼 수 있다.

요컨대 상품 물가가 내려가더라도 서비스 물가가 고착되면 인플레이션은 쉽게 꺾이지 않는다. 그리고 서비스 물가의 핵심은 결국 임금이다. 그러니 물가지표를 읽을 때는 단순히 숫자의 높고 낮음이 아니라, 그 상승이 상품에서 비롯된 것인지 서비스에서 비롯된

CPI와 PCE의 차이점

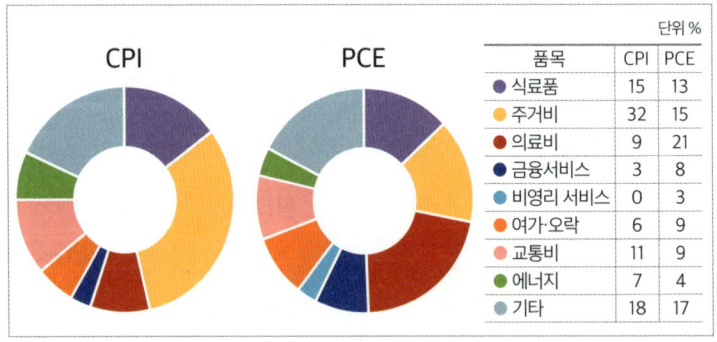

품목	CPI	PCE
식료품	15	13
주거비	32	15
의료비	9	21
금융서비스	3	8
비영리 서비스	0	3
여가·오락	6	9
교통비	11	9
에너지	7	4
기타	18	17

단위 %

것인지, 일시적 충격인지 구조적 압력인지를 구분해야 한다. 이것이 CPI와 PCE를 함께 살펴봐야 하는 이유다.

두 지표가 간혹 엇박자를 보이는 경우가 있다. 그 이유는 주거비와 의료비 비중의 차이 때문이다. CPI의 경우, 주거비가 전체의 약 3분의 1을 차지한다. 따라서 월세나 주택 관련 비용이 오르면 CPI는 크게 뛰는 구조다. 반면 PCE에서 주거비 비중은 약 15퍼센트 수준에 그치지만, 대신 의료비 비중이 더 높다. 즉, 어떤 항목이 오르느냐에 따라 두 지표의 방향이 달라질 수 있다.

구분	소비자물가지수CPI	개인소비지출PCE
조사 대상	도시 소비자가 직접 지출한 비용	기업이 판매한 총액 (의료비 등 대리 지출 포함)
가중치 산정	2년마다 갱신 (고정 가중치)	매월 갱신 (유동적 가중치)
대체 효과	반영 못 함 (사과가 비싸도 사과값 측정)	반영함 (사과가 비싸서 배를 사면 배 가격 측정)
주거비 비중	약 33~35%(매우 높음)	약 15~18% (상대적으로 낮음)

- **발표 시기**: 매월 마지막 주 금요일
- **실전 투자 포인트**: 연준의 공식 물가 목표는 CPI가 아니라 '근원 PCE 2퍼센트'다. 물가와 투자의 핵심은 단기 수치의 등락이 아니라 '추세'를 읽는 데 있다. 한 달 수치에 과도하게 반응하기보

다, 최소 3개월에서 6개월의 흐름이 상승 곡선을 그리고 있는지, 둔화 흐름에 진입했는지를 확인해야 한다. 또한 미국은 소비 중심 경제다. 물가와 함께 지출 대비 소비가 어떻게 유지되고 있는지도 중요하다. 소비 여력이 충분하다는 것은 경기민감주(금융, 산업재, 소비재 등)가 상승 탄력을 받을 가능성이 있다는 뜻이다. 반대로 소비가 꺾이면 기업 실적과 고용에 연쇄적으로 영향을 미칠 수 있다.

경기:
ISM PMI 지표를 읽는 법

구매관리자지수 ISM PMI

ISM PMI는 매월 초 가장 먼저 발표되는 대표적인 선행지표다. 미국 공급관리협회 ISM가 매달 약 400개 이상의 기업 구매 담당자를 대상으로 설문조사를 실시해 산출한다.

구매 담당자는 기업 활동의 '가장 앞단'에서 움직인다. 원자재를 주문하고, 재고를 관리하며, 앞으로의 수요를 예측하는 역할을 맡고 있기 때문이다. 따라서 PMI는 단순한 통계 수치를 넘어, 기업 현장에서 체감하는 경기 흐름을 비교적 빠르게 반영하는 지표라고 볼 수 있다.

PMI는 신규 주문, 생산, 고용, 재고 등 여러 세부 항목을 종합해 산출한다. 이 중에서 투자자가 가장 눈여겨봐야 할 항목은 신규 주문이다. 신규 주문이 늘었다는 것은 앞으로 몇 달 동안 생산이 증가하고 매출이 확대될 가능성이 크다는 신호이기 때문이다. 다시 말해, 신규 주문은 미래 실적의 방향을 가늠하는 선행 신호다. 여기에 재고 지표를 함께 보면 해석의 정확도가 높아진다.

- 신규 주문이 늘고 재고가 줄어들면 → 수요가 공급을 앞지르는 상황으로, 경기 확장 국면으로 해석할 수 있다.
- 신규 주문이 줄고 재고가 늘어나면 → 수요 둔화로 재고가 쌓이는 구조이므로, 경기 둔화 국면 신호로 볼 수 있다.

같은 PMI 상승이라도 내부 구성에 따라 의미가 달라질 수 있는 이유가 여기에 있다.

- **발표 시기**: 매월 첫째 주(제조업은 통상 1일 전후, 서비스업은 3일 전후 발표)
- **실전 투자 포인트**: 아이러니하게도 시장이 경기지표에 더 민감해지는 시점은 경기 둔화나 침체 우려가 부각될 때다. 경기가 좋을 때는 기업들의 성장 스토리와 실적 모멘텀이 시장을 주도한다. 그러나 성장률 둔화 우려가 나오기 시작하면, 개별 기업의

이야기보다 거시 환경과 정책 여건이 더 중요한 판단 기준이 된다.

기업의 공격적인 투자와 확장은 대개 우호적인 정책 환경과 안정적인 경기 흐름이 전제될 때 가능하다. 따라서 시장이 불안을 느끼는 구간에서는 "이 기업이 무엇을 하느냐"보다 "경기 환경이 어떻게 변하고 있느냐"가 더 중요한 질문이 된다.

이런 맥락에서 ISM PMI는 상승장에서 추가적인 확신을 제공하는 보조 지표로 활용할 수 있다. 다만 이를 핵심 투자 아이디어로 삼기보다는, 경기 전환 가능성을 점검하는 위험 관리 지표로 보는 것이 더 실전적인 접근이다. 특히 PMI 내부 항목에서 신규 주문 둔화, 재고 증가, 고용 악화 같은 신호가 동시에 나타난다면, 이는 단순 변동이 아니라 경기 모멘텀 약화를 시사할 수 있다. 이 지표의 핵심 활용법은 상승의 가속을 확인하는 데 있다기보다 둔화의 징후를 조기에 감지하는 데 있다.

고용:
비농업 고용지수, 실업률 지표를 읽는 법
—

비농업 고용지수 & 실업률

한 나라의 경기 상태가 얼마나 건강한지를 판단할 때, 가장 중요하게 보는 지표가 바로 고용지표다. 사람들의 일자리 상황이 곧 소비와 경제 활동으로 이어지기 때문이다. 그중에서도 비농업 부문의 신규 고용자 수와 실업률을 중심으로 살펴본다. 말 그대로 한 달 동안 일자리가 얼마나 늘었는지, 그리고 일자리를 찾지 못한 인구 비율이 어떻게 변했는지를 측정하는 지표다. 이 2가지를 함께 보면 노동시장이 얼마나 강한지, 그리고 경제가 확장되고 있는지 아니면 둔화되고 있는지를 파악할 수 있다. 또한 전월 대비, 전년 대비 흐름을 함께 살펴보면 단기적인 변화뿐 아니라 전체적인 방향성까지 읽을 수 있어, 미국 경기의 체력을 판단하는 데 중요한 기준이 된다.

고용은 물가와 직접적으로 연결된다. 고용이 강하면 기업들은 인력을 확보하기 위해 더 높은 임금을 제시해야 하고, 이는 임금 상승으로 이어진다. 임금이 오르면 가계의 구매력은 향상되지만 동시에 기업의 비용 부담도 증가한다. 그 결과 가격 전가가 발생하며 물가 상승 압력이 높아진다. 이런 이유로 고용지표는 통화 정책, 특히 금리 결정에 상당한 영향력을 행사한다.

반대로 고용이 둔화하거나 실업률이 상승하면 상황은 달라진다. 노동시장이 식어간다는 신호로 해석되며, 중앙은행은 경기 부양을 위해 금리를 인하할 가능성이 커진다. 금리 인하는 유동성을 확대하고 기업과 가계의 자금조달 비용을 낮춘다. 이 과정에서 주식시장은 이를 완화적 신호로 받아들이며 단기적으로 긍정적으로 반응하는 경우가 많다.

그러나 보다 본질적인 질문은 따로 있다. 왜 미국 증시는 지난 수십 년간 장기적으로 상승해왔는가 하는 점이다. 단순히 금리 정책이나 단기 경기 부양 효과 때문만은 아니다. 미국은 세계에서 가장 강력한 소비력을 기반으로 한 내수 시장을 보유하고 있고, 고용이 구조적으로 견조했으며, 기축통화국으로서 글로벌 자금 흐름의 중심에 서 있다. 여기에 혁신을 주도한 기술 기업들이 성장 동력을 제공한 것도 한몫했다.

고용지표는 정책 변화를 예고하고 시장 변동성을 유발할 수 있는 강력한 변수다. 하지만 그 영향력은 구조적 체력 위에서 작동한다. 고용 수치의 단기 등락에만 주목하기보다, 노동시장이 구조적으로 건강한지, 소비 여력이 유지되고 있는지를 함께 판단해야 한다. 이것이 고용지표를 해석할 때 놓치지 말아야 할 핵심이다.

- **발표 시기**: 매월 첫째 주 금요일
- **실전 투자 포인트**: 단기적으로는 고용지표를 통해 연준의 금리 방향을 가늠해야 한다. 고용이 강하면 임금이 오를 가능성이 커지고, 이는 다시 인플레이션을 자극할 수 있다. 이런 환경에서는 금리가 추가 인상되거나 높은 수준에서 장기간 유지될 가능성이 커지며, 금리 부담이 상대적으로 적은 가치주나 방어주 섹터가 강세를 보일 확률이 높아진다.

  반대로 고용이 둔화되거나 실업률이 상승하면 통화 완화 기대가 형성된다. 연준이 경기 위축을 방어하기 위해 금리 인하에 나설 가능성이 커지기 때문이다. 시장이 '금리 인하' 자체에 초점을 맞춘다면 성장주 중심의 반등이 나타날 수 있다. 그러나 시장의 관심이 경기침체 리스크에 더 쏠리면 자금은 국채, 달러, 금, 방어주와 같은 안전자산으로 이동할 가능성이 크다.

장기적 관점에서는 개별 지표의 일시적 변동보다 경제의 구조적 체력을 점검하는 것이 중요하다. 미국 소비가 견조하게 유지되고, 주요 기술 기업들의 수익성이 안정적으로 이어진다면 단기 충격으로 인한 큰 조정은 오히려 중장기 투자자에게 기회가 될 수 있다.

소비:
소매 판매 지표를 읽는 법

—

미국 상무부 인구조사국이 매월 중순경 발표하는 지표가 바로 소매 판매다. 앞서 언급했듯 소비는 미국 경제의 약 70퍼센트를 차지한다. 그런 점에서 소매 판매는 소비의 흐름을 가장 빠르게 보여주는 선행 성격의 지표로, 시장에서 상당한 영향력을 가진다. 소매 판매는 크게 3가지로 구분해볼 수 있다

• 헤드라인 소매 판매 total retail sales

전체 소매 판매 수치를 의미한다. 다만 단가가 높은 자동차 판매나 변동성이 큰 휘발유 가격이 큰 비중을 차지하다 보니, 실제 소비 트렌드와 무관하게 수치가 크게 출렁이는 경우가 있다. 예를 들어 유가가 급등해 주유비 지출이 늘어나면 소비가 활발해진 것처럼 보일 수 있다. 하지만 이는 가격 상승에 따른 효과일 뿐, 실제 소비 증가와는 거리가 있을 수 있다.

• 근원 소매 판매 core retail sales

이러한 왜곡을 줄이기 위해 자동차와 부품을 제외한 Ex-Auto 지표가 활용된다. 여기에 더해 자동차와 휘발유를 모두 제외한 Ex-Auto & Gas 지표도 있다. 가격 변동성이 큰 항목을 배제함으로써 보다 안정적인 소비 흐름을 파악하려는 목적이다. 즉, 소비의 '본질적 방향'을 읽기 위한 보정 작업이라고 볼 수 있다.

• 소매 판매 컨트롤 그룹 retail control group

일부 국내 사이트에서는 '소매관리'로 번역되기도 한다. 이 지표는 자동차, 휘발유, 건축자재, 음식 서비스를 제외한 수치다. 중요한 이유는 이 값이 미국 GDP를 구성하는 개인소비지출 PCE 산출에 직접 반영되는 모델 입력값이기 때문이다. 따라서 실질적인 성장률 전망과 직결된다는 점에서 가장 주목해야 할 세부 지표다.

다만 소매 판매에는 분명한 한계도 있다. 미국 경제는 서비스업 비중이 3분의 2에 이를 만큼 크다. 반면 소매 판매는 상품 중심 지표다. 따라서 소매 판매가 부진하더라도 서비스 소비가 견고하다면 전체 경제를 단정적으로 약하다고 평가하기는 어렵다. 지표 해석에 있어 구조적 특성을 함께 고려해야 하는 이유다.

또 하나 유의할 점은 수정치다. 소매 판매는 속보 성격이 강해 다음 달에 발표될 때 수치가 크게 수정되는 경우가 많다. 단순히 발표 수치만 볼 것이 아니라, 이전 수치가 얼마나 상향 또는 하향 조정되었는지도 함께 점검해야 한다.

아울러 물가와의 관계도 중요하다. 예를 들어 소매 판매가 0.5퍼센트포인트 증가했는데 CPI가 0.7퍼센트포인트 상승했다면, 이는 물건값 상승으로 명목 지출이 늘어난 것일 가능성이 크다. 다시 말해 실제 소비량은 감소했을 수 있다. 이처럼 소매 판매는 물가지표와 함께 교차 분석해야 의미가 선명해진다.

소매 판매는 고용, 물가와 마찬가지로 금리 정책에 영향을 줄 수 있는 변수다. 소비가 과열되면 인플레이션 압력이 커지고, 이는 긴축 기대를 자극한다. 반대로 소비가 둔화하면 경기 부양 기대가 형성된다. 그만큼 시장이 매월 중순 발표되는 이 지표에 민감하게 반응하는 이유다.

• **발표 시기**: 매월 중순

- **실전 투자 포인트**: 소매 판매 증가는 소비가 활발하다는 의미이며, 통상적으로 경기 확장 신호로 해석된다. 반대로 감소는 경기 위축 또는 침체 가능성을 시사한다. 다만 인플레이션 우려가 큰 국면에서는 소매 판매 급증이 오히려 금리 인상 압력으로 작용할 수 있다.

예상치를 상회하는 결과가 나오면 자동차, 식료품, 의류 등 소비재 관련 섹터에 긍정적인 영향을 줄 수 있다. 이에 따라 월마트, 아마존, 코스트코, 홈디포와 같은 글로벌 유통 기업에 대한 관심도 함께 높아질 수 있다.

소매 판매는 단순한 매출 통계가 아니라, 소비의 질과 물가, 정책 방향까지 연결되는 경제 흐름의 교차점에 있는 지표라고 볼 수 있다.

GDP:
GDPNow, WEI 지표를 읽는 법

한 나라의 경제가 실제로 얼마나 움직이고 있는지를 가장 종합적으로 보여주는 지표가 국내총생산, 즉 GDP다. 정부와 투자자, 중앙은행이 모두 이 지표를 통해 경제의 흐름을 읽는다. 이 GDP는 구성 요소에 따라 크게 4가지로 나눌 수 있다.

- 소비consumption: 68~70% 차지
- 투자investment: 17~18% 차지
- 정부 지출government spending: 17~18% 차지
- 순수출net exports: -3% 차지(미국은 수출보다 수입이 많다)

한편 GDP를 해석할 때는 또 하나 중요한 구분이 있다. 바로 명목 GDP와 실질 GDP다. 물가 변화를 반영하느냐에 따라 같은 경제 성장도 전혀 다르게 보일 수 있기 때문이다. 명목 GDP와 실질 GDP의 차이는 다음과 같다.

- **명목 GDP**: 현재 시장 가격으로 계산한 것. 생산량은 그대로인데 물가만 오르게 된다면 명목 GDP는 오르게 된다.
- **실질 GDP**: 물가 상승분을 빼고 계산한 것. 물가라는 외부 요인을 제거한 후 진짜 성장률을 측정하기 위함이다. 시장에서는 실질 GDP에 더 민감하게 반응한다.

이 책에서는 GDP 품목별 정의를 내리기보다 미국 주식에 투자하는 사람들은 어떤 지표를 참고하고 어떻게 대응하는 것이 효과적인지 알아보겠다.

GDPNow

애틀랜타 연방준비은행(이하 연준)이 운영하는 GDPNow는 전문가들의 주관적 '예측치forecast'가 아니다. 애틀랜타 연준이 공개한 이 모델은 미국 상무부 경제분석국BEA이 실제 GDP를 산출할 때 사용하는 공식과 동일한 계산 체계를 기반으로 한다. 여기에 매주 발표되는 최신 경제 데이터, 즉 소매 판매, ISM 지표, 무역수지 등을 실시간으로 대입해 추정치를 갱신한다.

GDP는 분기별로 발표되는 후행 지표다. 반면 GDPNow는 이름 그대로 '지금now'의 성장률을 추적한다는 데 의미가 있다. 확정 발표까지 기다리지 않고, 현재까지 축적된 데이터를 통해 분기 성장률을 동적으로 추정하는 것이다. 이 점에서 GDPNow는 전통적 전망치와 달리, 새로운 데이터가 추가될 때마다 자동으로 수치를 조정

애틀란타 연방준비은행의 GDPNow 웹사이트

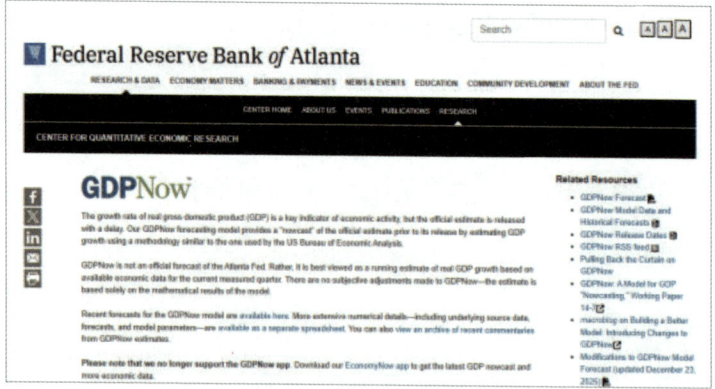

하는 기계적 모델에 가깝다.

주식 투자에서 수익이 크게 발생하는 지점은 대체로 '예상 밖의 성과'가 나타날 때다. 시장 컨센서스보다 실제 경기가 더 강하다는 신호가 포착되는 순간, 기대치가 재조정되며 자산 가격이 반응한다. 월가 애널리스트들이 가정한 성장 경로보다 실제 데이터가 더 견조하다고 판단되면, 이는 기업 실적 개선 가능성을 높인다. 그 결과 어닝 서프라이즈● 기대가 형성되고, 주가는 선반영 움직임을 보일 수 있다. GDPNow는 이런 기대 변화의 단초를 제공하는 참고 지표로 활용될 수 있다.

다만 몇 가지 유의할 점이 있다. 첫째, 분기 초반에는 투입되는 데이터의 양이 제한적이다. 특정 지표 하나에 의해 성장률 추정치가 크게 출렁일 수 있다. 이 시기의 수치는 변동성이 매우 크기 때문에 방향성 참고 수준으로만 해석하는 것이 적절하다. 일반적으로 한두 달이 지나 주요 지표들이 상당 부분 반영된 이후부터 실제 GDP와의 상관관계가 높아진다.

둘째, GDPNow는 철저히 숫자 기반 모델이다. 소비자 심리나 시장 정서 같은 정성적 요인은 반영하지 않는다. 따라서 금융시장 심리와는 다른 방향으로 움직일 가능성도 존재한다. 데이터상으로는

● 어닝 서프라이즈earning surprise는 기업의 분기 실적이 시장 예상치보다 좋은 경우를 말한다.

성장률이 견조하지만, 시장이 리스크 요인을 더 크게 인식하고 있다면 자산 가격은 다르게 반응할 수 있다.

마지막으로, GDP 자체가 후행지표라는 점을 잊어서는 안 된다. 이미 발생한 경제 활동을 집계한 결과이기 때문에, 단일 수치에 과도하게 의미를 부여하기보다 추세의 흐름을 읽는 것이 중요하다. 분기 초의 급등락에 일희일비하기보다는, 시간이 지나며 형성되는 방향성과 지속성을 확인하는 접근이 더 합리적이다.

결국 GDPNow의 핵심 가치는 '정답'이 아니라 '과정'에 있다. 데이터가 누적되며 성장률이 어떻게 수정되는지 그 궤적을 관찰하는 것이, 시장 기대 변화와 경기 모멘텀을 읽는 데 더 유의미하다.

WEI

댈러스 연방준비은행의 WEI 웹사이트

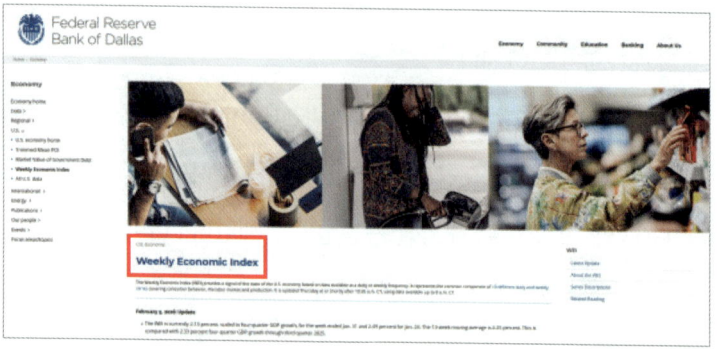

WEI Weekly Economic Index는 과거 뉴욕 연방준비은행 웹사이트에서 발표되었다가 2023년 12월부터 댈러스 연준으로 완전히 이관되어 발표되고 있다. 이 지표를 공동 개발한 3명의 경제학자 가운데 대니얼 루이스가 댈러스 연준으로 소속을 옮기게 되면서 지표의 관리와 업데이트 효율성을 높이기 위해 댈러스 연준에서 전담하게 된 것이다. 현재는 댈러스 연준 홈페이지에서 매주 목요일에 수치를 확인할 수 있다.

매주 업데이트되는 WEI

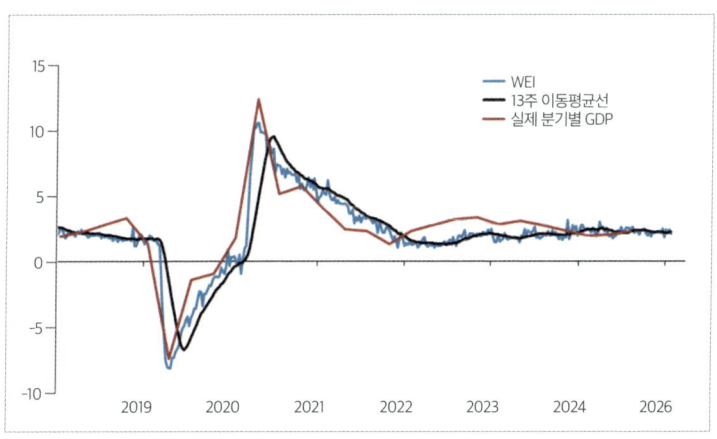

매주 업데이트되는 WEI의 표를 제대로 활용하는 방법은 구조를 이해하면 더 명확해진다. WEI 수치(파란색 선)는 전년 대비 4분기 평균 GDP 성장률로 환산된 값이다. 예를 들어 WEI가 2.1퍼센트라면, 지금과 같은 경제 흐름이 계속될 경우 경제가 1년 전보다 약 2.1

퍼센트 성장할 것으로 예상된다는 뜻이다. 즉, 주간 데이터를 바탕으로 현재 경제가 어떤 속도로 움직이는지를 보여주는 지표다.

또한 13주 이동평균선이 함께 제시된다. 13주는 1개 분기에 해당하므로, 이 평균선은 분기 단위의 추세를 파악하기 위한 기준선이 된다. 단기적으로 크게 움직이는 주간 변동성을 완화하고 방향성을 보다 안정적으로 보여주는 역할을 한다. 따라서 개별 주간 수치보다 13주 이동평균선이 상승하는지 하락하는지 그 흐름에 주목하는 것이 합리적이다.

구분	GDPNow(애틀랜타 연준)	WEI(댈러스 연준)
핵심 키워드	정확성, 공식 성적표 추적	신속성, 실시간 활력 추적
주요 재료	월간 공식 경제지표 (Hard Data)	주간 고빈도 데이터 (Alternative Data)
수치 특성	변동성이 큼 (분기 초/말 차이 심함)	상대적으로 안정적 (추세 중심)
투자 활용	어닝 시즌 대비 (기업 실적과 연동)	매주 리스크 관리 (경기 변곡점 포착)

• **발표 시기**: 월 6~7회 업데이트(GDPNow), 매주 목요일(WEI)
• **실전 투자 포인트**: 단순 수치 자체보다 방향성이 더 중요하다. 월가 예상보다 GDPNow나 WEI 수치가 높게 유지된다면 시장 분위기가 일시적으로 침체되어 있더라도 주식 비중을 급격히 줄일 필요는 없다.

GDP는 결국 미국 경제의 중장기 체력을 보여주는 지표다. 단기 뉴스나 변동성에 흔들리기보다 성장률의 추세가 유지되고 있는지를 보며 투자 판단의 중심을 잡는 것이 중요하다.

주식시장의 장기적 우상향은 경기의 펀더멘털이 뒷받침될 때 가능하다. 따라서 GDPNow와 WEI는 단기 매매 신호라기보다, 시장 노이즈 속에서 경제의 기본 체력을 점검하는 나침반 역할로 활용하는 것이 바람직하다.

7장 | 연준의 생각 들여다보기

연준은 주식시장이라는 오케스트라가 과열되지도, 그렇다고 얼어붙지도 않은 '골디락스' 상태를 유지하도록 조율하는 지휘자에 가깝다. 이 균형이 무너지면 시장은 과도한 유동성에 취하거나 급격한 긴축 충격에 흔들리며 노이즈가 커진다. 연준의 역할은 속도와 온도를 조절해 금융시장이 질서 있게 움직이도록 만드는 데 있다.

연준의 기능은 크게 2가지로 요약된다. 첫째, 기준금리를 통해 경기의 속도를 조절한다. 금리를 올리면 자금조달 비용이 상승해 소비와 투자가 둔화하고, 내리면 반대로 유동성이 확대된다. 둘째, 연준은 자신의 재무제표를 활용해 시중에 풀린 돈의 양을 직접 조절한다. 양적완화QE와 양적긴축QT이 여기에 해당한다. 금리가 '가격'이라면, 대차대조표는 '수량'을 조절하는 수단이다.

연준은 1년에 8회, 즉 1월·3월·5월·6월·7월·9월·11월·12월 정례적으로 연방공개시장위원회FOMC를 개최해 기준금리를 결정한다. 이 회의 결과에 따라 채권, 주식, 환율 시장은 즉각적으로 반응한다.

금리 결정의 궁극적 목표는 2가지다. 물가 안정과 완전 고용이다. 물가가 과열되면 긴축으로 속도를 낮추고, 고용이 위축되면 완화 정책으로 경기를 부양한다. 노련한 연준 의장은 회의 전후 발언과 점도표dot plot, 성명서를 통해 시장에 미리 신호를 보내며 정책 변화가 갑작스럽게 받아들여지지 않도록 충격을 최소화하려 한다. 이러한 사전 소통 방식을 '가이던스'라고 한다.

연준을 구성하는 3대 축

구분	명칭	구성 및 역할	성격
중앙 기구	연방준비제도이사회 (Board of Governors)	대통령이 임명하고 상원이 인준한 7명의 이사로 구성. 통화 정책의 기본 방향을 잡고 전체 시스템 관리 감독	공공(정부)
지방 기구	12개 지역 연방준비은행 (Regional Fed Banks)	뉴욕, 시카고 등 12개 주요 도시에 위치. 지역 경제 데이터를 수집하고 민간 은행 감독	민간/현장
의사결정 기구	연방공개시장위원회 (FOMC)	이사회 이사 7명 + 지역 연준 총재 5명(총 12명)이 투표권을 행사하여 금리 결정	정책 핵심

FOMC는 연 8차례 정기 회의를 연다. 미국 뉴스에서 지역 연준 총재의 '투표권 여부'를 자주 언급하는 이유는 금리 결정 구조가 순환 투표제 방식으로 운영되기 때문이다.

우선 연방준비제도이사회 이사 7명은 모두 상시 투표권을 보유한다. 그리고 12개 지역 연방준비은행 중 뉴욕 연방준비은행 총재는 고정적으로 투표권을 행사한다. 뉴욕은 월가와 국채 시장, 달러 자금 운용의 중심지이며 공개시장조작을 실제로 집행하는 핵심 기관이기 때문에 이러한 지위를 갖는다. 반면 나머지 11개 지역 연방준비은행 총재들은 그중 4명만 1년 임기로 순환 투표한다. 나머지 7명은 회의에는 참석하지만 투표권이 없다. 이로써 회의마다 총 12명이 금리 결정에 참여하게 된다.

이 같은 구조는 중앙의 정책 일관성을 유지하면서도 지역 경제의 다양한 상황을 함께 반영하기 위한 장치다. 다시 말해, 금리 결정은 단순히 숫자를 조정하는 기술적 행위가 아니라, 미국 경제 전반의 체력과 균형을 종합적으로 판단하는 집단적 의사결정 과정이라고 볼 수 있다.

133쪽 표는 3월·6월·9월·12월에 발표되는 점도표와 함께 공개되는 경제 전망 요약Summary of Economic Projections, SEP이다. FOMC 위원들이 앞으로 경제를 어떻게 바라보는지 집단적 전망을 수치로 보여 준다. 단순한 예측치가 아니라, 향후 금리와 정책 방향을 가늠할 수 있는 중요한 단서로 활용된다. 표에 나온 2025년 12월 FOMC 경제

연방준비제도이사회FRB 위원 및 연방준비은행 총재들의 경제 전망, 2025년 12월

Table 1. Economic projections of Federal Reserve Board members and Federal Reserve Bank presidents, under their individual assumptions of projected appropriate monetary policy, December 2025

Percent

Variable	Median[1]					Central Tendency[2]					Range[3]				
	2025	2026	2027	2028	Longer run	2025	2026	2027	2028	Longer run	2025	2026	2027	2028	Longer run
Change in real GDP	1.7	2.3	2.0	1.9	1.8	1.6-1.8	2.1-2.5	1.9-2.3	1.8-2.1	1.8-2.0	1.5-2.0	2.0-2.6	1.8-2.6	1.7-2.6	1.7-2.5
September projection	1.6	1.8	1.9	1.8	1.8	1.4-1.7	1.7-2.1	1.8-2.0	1.7-2.0	1.7-2.0	1.3-2.0	1.5-2.6	1.7-2.7	1.6-2.6	1.7-2.5
Unemployment rate	4.5	4.4	4.2	4.2	4.2	4.5-4.6	4.3-4.4	4.2-4.3	4.0-4.3	4.0-4.3	4.4-4.6	4.2-4.6	4.0-4.5	4.0-4.5	3.8-4.5
September projection	4.5	4.4	4.3	4.2	4.2	4.4-4.5	4.4-4.5	4.2-4.4	4.0-4.3	4.0-4.3	4.4-4.6	4.0-4.6	4.0-4.5	4.0-4.5	3.8-4.5
PCE inflation	2.9	2.4	2.1	2.0	2.0	2.8-2.9	2.3-2.5	2.0-2.2	2.0	2.0	2.7-2.9	2.2-2.7	2.0-2.3	2.0	2.0
September projection	3.0	2.6	2.1	2.0	2.0	2.9-3.0	2.4-2.7	2.0-2.2	2.0	2.0	2.5-3.2	2.2-2.8	2.0-2.4	2.0	2.0
Core PCE inflation[4]	3.0	2.5	2.1	2.0		2.9-3.0	2.4-2.6	2.0-2.2	2.0		2.7-3.1	2.2-2.7	2.0-2.5	2.0	
September projection	3.1	2.6	2.1	2.0		3.0-3.2	2.5-2.7	2.0-2.2	2.0		2.7-3.4	2.2-2.9	2.0-2.4	2.0-2.2	
Memo: Projected appropriate policy path															
Federal funds rate	3.6	3.4	3.1	3.1	3.0	3.6-3.9	2.9-3.6	2.9-3.6	2.8-3.6	2.8-3.5	3.4-3.9	2.1-3.9	2.4-3.9	2.6-3.9	2.6-3.9
September projection	3.6	3.4	3.1	3.1	3.0	3.6-4.1	2.9-3.6	2.9-3.6	2.8-3.6	2.8-3.5	2.9-4.4	2.6-3.9	2.4-3.9	2.6-3.9	2.6-3.9

전망 요약을 살펴보자.

- Change in real GDP(실질 GDP 성장률) 항목에서 2025년 1.7퍼센트에서 2026년 2.3퍼센트로 상향 전망했다면, 이는 2026년 경기를 더 낙관적으로 보고 있다는 의미다. 성장률 경로가 가팔라질 것으로 판단하고 있다는 신호이기 때문이다.

- September projection(9월 전망치)은 직전 분기 전망을 의미한다. 경제 전망 요약은 분기마다 발표되므로, 12월 회의에서는 9월 수치와의 비교가 함께 제시된다. 이를 통해 연준의 시각이 더 낙관적으로 바뀌었는지, 혹은 보수적으로 수정되었는지를 확인할 수 있다. 여기서 중요한 것은 '절대 수치'보다 '변화 방향'이다.

- Unemployment rate(실업률) 항목에서 2025년 4.5퍼센트 대비 2026년 4.4퍼센트로 제시되었다면, 이는 고용시장이 안정적으로 유지될 것이라는 판단이다. 실업률이 낮은 수준에서 유지된다는 것은 경기의 기초 체력이 크게 흔들리지 않을 것이라는 전제와 연결된다.

- PCE Inflation(PCE 물가)의 경우 2026년 전망이 기존 9월의 2.6 퍼센트에서 2.4퍼센트로 하향 조정되었다면, 이는 물가가 점진적으로 안정되고 있다고 평가한 것이다. 물가 둔화 전망은 통화 정책 완화 가능성과 연결되므로, 시장은 이를 금리 인하 기

대가 높아진 신호로 해석할 수 있다.

- Core PCE Inflation(근원 PCE 물가) 역시 변동성이 큰 항목을 제외한 지표다. 이 수치가 2026년에 더 낮아질 것으로 제시되었다면, 기조적 인플레이션 압력이 완화되고 있다는 판단으로 읽을 수 있다. 정책 당국이 일시적 가격 변동이 아니라 구조적 물가 흐름을 어떻게 바라보는지를 확인하는 대목이다.

이처럼 경제 전망 요약은 성장, 고용, 물가를 하나의 경로로 묶어서 보여준다. 그리고 그 경로 위에서 금리 정책이 결정된다. 의사결정 과정도 체계적이다. 먼저 회의 전 단계에서 연준 내부의 경제학자들이 작성한 방대한 분석 보고서와 각 지역 연방준비은행이 수집한 경기 자료를 종합적으로 검토한다. 이를 바탕으로 현재 경제 상황을 진단한다.

그다음 단계에서는 정책 토론이 이루어진다. 각 위원이 경제 상황에 대한 평가와 적정 금리 수준에 대한 의견을 제시한다. 성장 둔화 위험을 더 중시하는지, 물가 상방 위험을 더 경계하는지에 따라 의견은 달라질 수 있다.

마지막으로 공식 투표가 진행된다. 의장이 제안한 정책 방향에 대해 12명의 위원이 찬반을 표명하며, 그 결과는 회의 직후 성명서를 통해 공개된다. 여기에 경제 전망 요약과 점도표까지 함께 발표되면서 시장은 연준의 현재 판단과 향후 정책 방향을 읽어낸다.

점도표와 시장의 반응

점도표는 연방준비제도Fed의 통화 정책 결정 기구인 연방공개시장위원회FOMC 위원들이 향후 기준금리가 어느 수준에 위치해야 한다고 보는지를 점으로 표시한 차트다. 가로축(X축)은 연도별 흐름을, 세로축(Y축)은 미국의 기준금리 수준을 나타낸다.

이 표는 단순한 그래픽이 아니라, 위원들의 금리 경로 인식을 시각적으로 집약한 자료다. 점 하나가 위원 한 명의 판단을 의미하며, 향후 몇 년간의 정책 금리 전망이 시간 축에 따라 배열된다.

점도표는 투표권 보유 여부와 관계없이 FOMC 회의에 참석하는 모든 위원이 작성한다. 총 19명이 각자의 전망을 익명으로 제출하며, 자신이 생각하는 '적정 금리 경로'를 주관적 판단에 따라 점으로 찍는다. 이는 개별 위원의 경제 전망과 위험 인식을 반영한 결과다.

점도표에서 핵심은 분포와 중간값이다. 점들이 어느 구간에 밀집해 있는지, 이전 분기 대비 위로 이동했는지 아래로 이동했는지를 통해 정책 기조의 변화를 읽을 수 있다. 특히 점들의 중간값median은 시장에서 사실상의 '연준 공식 입장'으로 받아들여진다.

만약 중간값이 상향 조정된다면 이는 금리 인상 또는 고금리 장기화 신호로 해석되고, 반대로 하향 조정된다면 완화 기조로의 전환 가능성을 시사한다. 따라서 점도표는 단순한 전망 자료를 넘어, 시장 기대를 재조정하는 강력한 커뮤니케이션 수단으로 기능한다.

2025년 12월 연준의 점도표

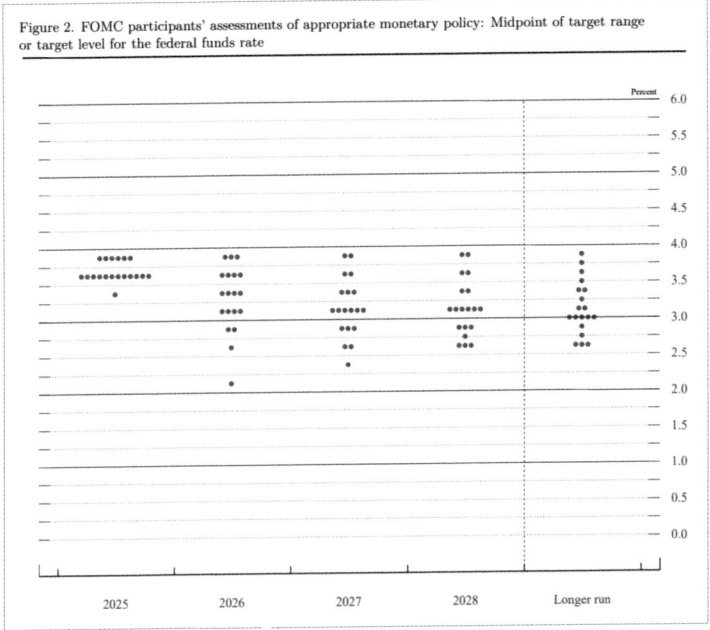

Figure 2. FOMC participants' assessments of appropriate monetary policy: Midpoint of target range or target level for the federal funds rate

위 점도표를 보면 가장 가까운 2025년은 어느 정도 의견이 일치하지만 2026~2028년으로 넘어갈수록 점이 찍힌 범위가 넓게 퍼져있다. 이는 각기 다른 생각을 하고 있음을 의미하고 경제 상황에 대해 이견이 많다는 뜻이다.

연준 위원들의 말과 시장의 반응

연준 위원들의 연설이나 인터뷰는 그 자체로 시장의 방향성을 바꾸는 촉매가 된다. 같은 경제 상황이라도 어떤 어조로, 어떤 위험을 강조하느냐에 따라 자산 가격의 반응이 달라진다.

강세장을 가정해보자. 시장이 유동성과 낙관론에 힘입어 과열 국면에 진입해 있을 때 매파적 발언이 나오면, 이는 일종의 속도 조절 신호로 작용한다. 예를 들어 연준 관계자가 "아직 인플레이션이 충분히 잡히지 않았다", "금리를 더 오래 높은 수준으로 유지할 필요가 있다", "시장 기대처럼 빠른 금리 인하는 어렵다"와 같은 발언을 하는 경우다. 이런 메시지는 시장에 유동성이 쉽게 풀리지 않을 것이라는 신호로 받아들여진다. 과도하게 높아진 밸류에이션에 경고를 보내는 셈이다. 특히 고성장 스토리를 기반으로 높은 멀티플을 부여받았던 성장주들은 이런 발언에 더 민감하게 반응하며 조정받기 쉽다. 즉, 매파적 메시지는 과열을 식히는 제동 장치 역할을 한다.

반대로 강세장에서 완화적, 즉 비둘기파적 발언이 나온다면 해석은 전혀 달라진다. 금리 인하 가능성이나 정책 완화 기조를 지지하는 신호는 상승장의 정당성을 더욱 강화한다. 시장은 "유동성 환경도 우호적이다"라는 확신을 하게 되고, 그 결과 위험자산에 대한 선호가 한층 더 강해질 수 있다. 이런 경우 상승 추세가 가속되는 모습이 나타나기도 한다.

약세장에서는 이 흐름이 더욱 극적으로 나타난다. 침체 우려로 투자 심리가 위축된 상황에서 매파적 발언이 나오면, 이는 연준이 시장을 적극적으로 방어하지 않겠다는 신호로 받아들여질 수 있다. 2022년 금리 인상기를 떠올려보면 이해하기 쉽다. 코로나 재정 지원의 후폭풍으로 인플레이션이 급격하게 진행되자 연준은 공격적인 긴축에 나섰고, 50bp 인상(빅스텝)을 넘어 네 차례 연속 75bp 인상(자이언트 스텝)을 단행했다. 시장이 이미 하락 국면에 들어섰음에도 물가 억제를 최우선 과제로 삼은 것이다. 그 결과 자금은 안전자산과 경기방어주로 이동했고, 고밸류에이션 기술주와 빅테크 종목들은 큰 폭의 조정을 겪었다. 이처럼 약세장에서의 매파적 발언은 하방 압력을 증폭시키는 요인이 된다.

반대로 약세장에서 비둘기파적 발언이 나오면 분위기는 급변한다. 이는 연준이 정책 전환 가능성을 열어두고 있다는 신호로 해석되며, 시장에서는 '구원투수'가 등장했다는 기대감이 형성된다. 금리 인하 또는 긴축 완화 가능성이 거론되는 순간, 위험자산에 대한 투자 심리가 회복되고 주가는 반등의 계기를 마련할 수 있다.

연준 위원들의 발언은 단순한 의견 표명이 아니라, 유동성 기대와 할인율 전망을 동시에 자극하는 변수다. 같은 매파·비둘기파 메시지라도 시장이 강세장인지 약세장인지에 따라 그 파급력은 완전히 달라진다. 이런 맥락을 함께 읽어야 발언의 진짜 의미를 파악할 수 있다.

시장 상황	연준 발언 성격	시장의 심리적 반응	주요 결과 및 움직임
강세장 낙관론 우세, 유동성 풍부	매파적 발언-금리 인상, 긴축 시사	"찬물 끼얹기 (reality check)" 과열에 대한 경계심 발동, 수익 실현 욕구 자극	일시적 조정 또는 추세 둔화, 고밸류에이션 종목 타격
	비둘기파적 발언-금리 동결/인하, 완화 시사	"안도와 환희 (confirmation)" 상승 정당성 확보, FOMO(소외 불안) 심리 극대화	강력한 추가 상승, 신고가 경신, 위험자산 선호 강화
약세장 공포/불안, 경기침체 우려	매파적 발언-고금리 유지, 인플레이션 파이팅	"절망과 투매 (capitulation)" 바닥이 없다는 공포, 항복 매물 출현	하락 가속화, 신용 경색 우려, 안전자산(달러, 채권) 이동
	비둘기파적 발언-정책 전환(pivot), 유동성 지원	"구원 투수의 등장 (Fed Put)" 연준이 시장을 지켜줄 것이라는 희망 회복	숏커버링(공매도 환매수) 유입, 낙폭 과대주 반등, 추세 전환 모색

우리는 연준 위원들의 발언을 표면적인 문장 그대로 받아들이기보다, 그 안에 담긴 결을 읽어야 한다. 그들의 언어는 경제지표만을 반영하는 것이 아니라 시장 심리와 끊임없이 상호작용한다. 같은 매파적 표현이라도 맥락에 따라 의미는 전혀 달라질 수 있다. 예를 들어 강세장에서 나온 매파적 발언은 2가지 시나리오로 해석할 수 있다.

첫 번째는 연준이 의도적으로 과열을 식히려는 경우다. 이는 중시가 장기간 상승하며 밸류에이션 부담이 커진 강세장 중·후반부에서 자주 등장한다. 경제의 펀더멘털은 비교적 견조하지만 자산 가격이 실물보다 과도하게 앞서 나갈 때, 연준은 거품 형성을 경계하며 매파적 메시지를 통해 시장의 온도를 낮추려 한다. 이는 상승장을 무너뜨리려는 조치라기보다 속도 조절에 가깝다. 투자자들 역시 이를 "상승 추세의 종료"로 보기보다는 "잠시 숨 고르기"로 해석하는 경향이 있다. 이 과정에서 일부 자금은 차익 실현을 통해 현금화되고, 주가는 급락 대신 일정 기간 횡보하는 이른바 '기간 조정' 국면에 들어가기도 한다. 이런 환경에서는 조정 이후 재진입 전략이 유효할 수 있다. 확보한 현금으로 우량 종목을 분할 매수하는 방식이 대표적이다. 결과적으로 연준의 제동은 장기 상승 추세를 더 건강하게 만드는 장치가 되기도 한다.

두 번째는 연준이 정책 실수, 즉 '폴리시 에러policy error'를 범하고 있다고 시장이 판단하는 경우다. 이는 훨씬 위험한 시나리오다. 단순한 밸류에이션 부담 조정을 넘어 정책에 대한 신뢰가 흔들리는 문제로 이어질 수 있기 때문이다. 2021년을 돌아보면, 당시 연준 의장인 제롬 파월은 인플레이션이 "일시적transitory"이라고 여러 차례 언급했다. 그러나 같은 해 11월 30일 미국 상원 은행위원회 청문회에서 그 표현을 사실상 철회했고, 이후 긴축 가속화와 함께 2022년 급락장이 전개되었다. 시장은 이 장면을 정책 판단의 오류가 드러난 순간으로 기억한다.

반대 상황도 마찬가지다. 인플레이션이 둔화하거나 경기가 빠르게 냉각되고 있음에도 연준이 과거 지표에 집착해 과도한 긴축을 고수할 경우, 시장은 "연준이 경기를 죽이고 있다"는 공포에 휩싸인다. 이 단계에 이르면 기업 실적 전망치는 하향 조정되고, 고금리를 감당하지 못하는 기업들의 신용 리스크가 부각되며 패닉 셀링•이 발생한다. 유동성 축소와 심리 붕괴가 동시에 진행되는 구간이다.

이러한 국면에서는 방향성 예측보다 기업의 펀더멘털에 대한 냉정한 점검이 우선이다. 과도하게 저평가된 기업을 선별해 적립식으로 접근하되, 정책 전환pivot이 명확해지기 전까지는 바닥을 섣불리 단정하지 않는 신중함이 필요하다. 연준의 발언을 해석하는 핵심은 문장이 아니라 맥락이며, 시장이 그 발언을 어떻게 받아들이는지까지 포함해 읽어내는 데 있다.

2025년에 트럼프 제2기 행정부가 출범하면서 대미 무역국 대상 상호관세 부과, 연준 흔들기, 미중 무역 분쟁과 협상, 베네수엘라 공습 등 과거 전례 없었던 수많은 일이 증시를 흔들었지만 AI 메가트렌드라는 강력한 엔진으로 S&P500 기준 두 자릿수 성장률을 보이며 마감했다. 앞서 설명한 연준의 발언 수위와 지나간 시장의 분위기를 비교해보자. (정치적 성향은 배제하고, 발언 자체에만 집중하겠다.)

● 패닉 셀링panic selling은 시장이 급락할 때 공포에 휩싸인 투자자들이 손실을 더 보기 전에 주식을 급하게 팔아버리는 현상을 말한다. 이처럼 감정에 의해 매도가 한꺼번에 쏟아지면 가격 하락이 더 빠르게 확대된다.

- **제롬 파월 연준 의장**(2025년 12월 10일 기자회견)

"인플레이션 위험은 상방으로, 고용 위험은 하방으로 기울어져 있다. 우리는 이 사이에서 위험이 없는 경로는 없다는 것을 알고 항해 중이다."

 - **시장의 해석**: 제롬 파월 의장은 특정 방향을 고집하기보다는 경기 하방 위험에 대비하는 태도를 보이며, 상황에 따라 언제든 추가적인 금리 인하에 나설 준비가 되어 있음을 내비쳤다.

- **존 윌리엄스 뉴욕 연은 총재**(2025년 12월 15일 연설)

"2025년이 불확실성의 해였다면 2026년은 회복탄력성의 해가 될 것이다. 통화 정책은 2026년으로 향하는 길목에서 매우 적절한 위치에 있다."

 - **시장의 해석**: 회복탄력성resilience이라는 발언이 2025년 12월 조정장 바닥이 확인되었다는 시장의 심리를 지지해주는 역할을 하면서 일부 변동성을 완화했다.

- **크리스토퍼 윌러 이사**(2025년 11~12월 인터뷰)

"12월 인하는 적절했지만, 1월은 조금 더 까다로울 수 있다. 만약 지표에서 인플레이션 반등이나 고용 급증이 나타난다면 정책 기조를 다시 고민해야 할 것이다."

 - **시장의 해석**: 윌러의 '까다로운 1월' 발언은 이미 비싸다는 인식이

있던 시장에서 투자자들의 매수 심리를 위축시키며, 주가 상승을 제한하는 심리적 저항선으로 작용했다.

- **오스탄 굴스비 시카고 연은 총재**(2025년 12월 12일 CNBC 인터뷰)

"인플레이션 목표치 도달이 몇 달째 정체되어 있다. 고용이 급격히 악화하지 않는 한, 더 많은 데이터를 확인하기 위해 인하를 멈추고 기다리는 것이 신중한 선택이다."

- **시장의 해석**: 평소 금리 인하에 우호적인 비둘기파였던 굴스비 총재가 매파적으로 바뀌었다. 그만큼 물가가 잡히지 않고 있다는 의미로 해석되며, 투자 심리를 위축시키는 요인으로 작용했다.

- **메리 데일리 샌프란시스코 연은 총재**(2025년 12월 인터뷰)

"노동시장은 비선형적으로 무너지는 특성이 있다. 서서히 나빠지다가 어느 순간 절벽에서 떨어지듯 붕괴한다. 우리는 그 지점에 도달하기 전에 선제적으로 움직여야 한다."

- **시장의 해석**: 시장의 붕괴를 우려해 연준이 선제적으로 대응할 수 있다는 신호로 받아들여졌다. 그만큼 시장에서는 '연준이 결국 개입해줄 것'이라는 기대, 즉 연준 풋*에 대한 믿음이 여전히 살아 있는 것으로 해석됐다.

연준과 정부의 관계

———

개별 종목의 방향성을 가르는 가장 결정적인 이벤트를 하나만 꼽으라면 분기 실적 발표 시즌이다. 시장 전반의 분위기와 무관하게 기업이 어닝 서프라이즈를 기록하고, 향후 가이던스까지 상향 제시한다면 해당 종목은 시장과는 별개로 독자적인 상승 흐름을 만들어 갈 수 있다. 물론 시장 심리가 매우 위축된 상황이라면 상승 속도는 더딜 수 있다. 그러나 그것은 속도의 문제일 뿐, 장기적으로 주가는 기업의 본질 가치와 이익 창출 능력에 맞춰 움직이게 된다.

그렇다면 거시적 차원에서 '판'을 결정하는 주체는 누구인가. 핵심은 정부와 연준이다. 실적 시즌이 어떤 배(기업)가 더 빠르게 전진하는지를 가리는 시기라면, 정부와 연준은 그 배가 떠 있는 바다의 조류와 파도를 결정한다.

연준은 금리라는 가격 변수를 통해 금융시장의 기준을 설정한다. 정책금리는 자산 가치 평가의 핵심 요소인 할인율에 직접적으로 영향을 주며, 이는 주식의 멀티플과 리스크 프리미엄을 재조정하는 기능을 한다. 연준은 물가와 고용이라는 이중 책무 아래 유동성을

———

● 연준 풋Fed Put이란? 먼저 금융 용어인 '풋옵션'을 확인해보자. 풋옵션이란 주가가 아무리 떨어져도 미리 정해진 가격에 주식을 팔 수 있는 권리이다. 즉 옵션에서 풋옵션은 가격 하락을 막아주는 보험 역할을 한다. 이와 연결해서 연준 풋이란 주식시장이 급락하거나 경제위기가 올 때, 연준이 금리 인하, 유동성 공급 같은 정책으로 시장을 구해줄 거라는 투자자들의 믿음에서 비롯된 단어다.

조절하며 시장과 일종의 심리 게임을 벌인다.

반면 정부는 재정 정책을 통해 실제 경제 활동을 조절한다. 세금을 낮추거나, 지출을 늘리거나, 보조금을 지급하거나, 규제를 완화하는 등의 정책은 기업의 수익 구조 자체를 바꿔놓는다. 예를 들어 인공지능이나 에너지 산업에 정부가 투자와 지원을 집중하면, 해당 산업은 장기적으로 성장할 수 있는 기반을 갖추게 된다. 이는 단기적인 시장 흐름보다 훨씬 더 구조적인 영향을 준다. 여기에 연준이 유동성 환경을 조성하고, 정부가 정책 방향을 제시하며, 기업이 실제로 실적을 만들어내면 시장의 흐름은 더욱 강해진다. 이 3가지가 동시에 맞물릴 때 주식시장은 가장 강하고 지속적인 상승 흐름을 만들어낸다.

여기서 중요한 점은 두 주체의 성격이 다르다는 것이다. 정부는 경기 부양과 성장을 목표로 비교적 일관된 방향을 추구하는 반면, 연준은 물가와 고용 상황에 따라 언제든지 시장을 조절할 수 있는 유연한 존재다. 즉, 시장이 과열되면 연준은 언제든 제동을 걸 수 있다. 그러니 단순히 정부가 어떤 산업을 밀어주는지만 볼 것이 아니라, 연준이 현재 시장을 어떻게 바라보고 있고 어떤 방향으로 조정하려 하는지도 함께 살펴봐야 한다. 예를 들어 2020~2021년처럼 유동성이 풍부하게 공급되던 시기, 기술주와 성장주가 빠르게 상승했다. 하지만 이후 인플레이션이 급격히 높아지자, 연준은 금리를 빠르게 인상하며 시장 과열을 진정시키려 했다. 그 결과 정부의 정책 지원과 산업 성장 기대가 이어지고 있었음에도 불구하고, 금리 부담이 커지면서 주가는 큰 조정을 겪었다. 결국 투자자는 '정부 정책'과 '연준의 시선'을 동시에 읽어내야 한다.

정부의 정책 방향과 연준의 통화 정책이 같은 방향으로 움직일 때, 시장은 가장 강한 상승 흐름을 만들어낸다. 이 두 축이 동시에 힘을 실어주는 구간이 바로 가장 좋은 투자 환경이다.

제3부

시장을 읽는 순간
성공 투자가
시작된다

8장 | 시장의 트렌드를 읽는 확실한 방법

　　트렌드를 포착하기에 앞서, 먼저 자신의 투자 원칙을 점검해봐야 한다. 시장은 유기적 시스템이며, 멈추지 않는 혁신의 흐름 속에서 끊임없이 재편된다. 투자자는 그 안에서 자신이 감당할 수 있는 방식으로 가장 합리적인 선택을 해야 한다.

　　누군가는 당장 시장의 관심을 받는 급등주에 베팅하고, 누군가는 아직 상용화조차 되지 않은 미래 기술에 투자한다. 또 다른 누군가는 자신의 본업과 연결된 산업에 집중하거나, 재무제표를 정밀 분석해 일정 기준을 충족하는 기업에만 투자한다. 투자에는 정답이 없다. 투자의 승패는 똑똑해서가 아니라 나에게 맞는 투자 방식을 빠르게 찾고 그 투자 규칙을 얼마나 철저하게 지켜내느냐에 달려 있다.

　　장기적으로 경제적 자유를 목표로 한다면 단기적인 수익보다 '지속 가능성'을 먼저 생각해야 한다. 그리고 이를 위해서는 흔들리지 않는 투자 원칙과 체계적인 리스크 관리가 필수다. 3개월 동안 꾸준히 쌓아온 수익을 어느 날 귀신에 홀린 듯 급등주에 뛰어들어 한순간에 잃고 다시 원칙을 붙잡으려 애쓴 경험이 결코 나만의 일은 아닐 것이다. 원칙을 벗어나는 순간, 투자 성과의 변동성은 통제 불가능해진다. 결국 투자 원칙은 변동성 속에서도 중심을 잃지 않게 해주는 기준이다. 그렇다면 시장은 왜 이처럼 끊임없이 흔들리며 새로운 흐름을 만들어내는 것일까. 이제 그 흐름, 즉 트렌드가 만들어지는 과정을 살펴보자.

돈의 흐름이 트렌드를 만든다

주식시장에서 핵심은 트렌드의 흐름을 빠르게 파악하는 데 있다. 트렌드는 단순한 가격 변동이 아니라 자본과 기대가 특정 방향으로 모여 흐름을 만들어가는 과정이다. 일정 시점이 되면 대규모 자금이 유입되면서 하나의 사이클이 형성되고, 시장을 주도한다.

경기가 변할 때마다 투자자들의 돈은 더 유망해 보이는 산업으로 이동하는데, 이를 '섹터 로테이션'이라고 하며 이 역시 트렌드다. 예를 들어 금리나 물가, 성장률 전망이 바뀌면 산업별로 수익률 차이가 벌어지고, 자금은 상대적으로 저평가되었거나 앞으로 좋아질 가능성이 높은 섹터로 이동한다. 신약 개발 기대감으로 바이오 섹터가 급등하는 것도 하나의 트렌드다. 임상 결과나 허가 여부에 따라 기대가 현실이 되기도 하고 사라지기도 하면서, 주가는 그에 맞춰 크게 움직이게 된다. 매출이나 이익이 충분히 검증되지 않았음에도 '스토리'만으로 형성되는 테마주 흐름도 존재한다. 이는 단기적 유동성과 기대 심리에 의존하는 경향이 강하다.

한편, 인류의 생산성과 생활 방식을 근본적으로 변화시키는 메가 트렌드도 있다. 철도, 컴퓨터, 인터넷, 스마트폰, 그리고 최근의 AI 와 같은 기술 혁신은 단순 산업 사이클이 아니라 경제 패러다임 자체를 재정의한다. 예컨대 인터넷의 보급은 유통·광고·미디어 구조를 재편했고, AI는 현재 생산성 향상과 산업 자동화의 중심축으로 작동하고 있다. 트렌드를 구분하는 기준은 명확하다.

- 단기 유동성 중심의 테마인가?
- 경기 순환에 따른 자본 재배치인가?
- 기술 혁신에 기반한 구조적 변화인가?

이 3가지를 구분하지 못하면 모든 상승이 동일하게 보인다. 그러나 자본은 결국 구조적 성장 가능성이 큰 영역에 장기적으로 머물게 된다. 따라서 투자자는 단편적인 뉴스에 신경 쓰기보다, 그 뉴스들이 어떤 방향으로 이어지고 있는지를 함께 살펴봐야 한다. 뉴스를 조합하는 목적도 여기에 있다. 개별 사건을 단순히 모으는 것이 아니라, 각각의 뉴스가 하나의 흐름으로 연결되는 지점을 찾는 것이다. 트렌드는 우연히 만들어지지 않는다. 정책, 기술, 자본, 심리가 같은 방향을 가리킬 때 비로소 형성된다.

트렌드가 시장을 장악하는 3단계

1. 이슈화 단계: 단기 추세

시장에 새로운 '유행'이 등장하며 주목을 받는 초기 국면이다. 투자자들이 흥미를 느끼는 테마가 형성된다. 해당 기술이나 산업이 미래 성장 동력이 될 수 있다는 판단이 서면 실제 수익이 발생하기 전에 기대감이 먼저 주가에 반영된다.

이 과정에서 테마가 만들어지고 관련 기업의 주가가 선반영 형태로 빠르게 상승하기 시작한다. 다만 시장이 한 방향으로만 움직이는 것은 아니다. 기대와 의심이 동시에 존재하는 시기다. 실질적인 매출과 이익이 아직 제한적인 경우가 많기 때문에 주가가 상승하면서 PER이 급격히 높아지고, 고평가 논란과 함께 변동성도 확대된다. 이 구간은 흔히 'PER 장세' 혹은 '유동성 장세'라고 불린다. 시장은 다음 단계, 즉 실적을 통한 검증을 요구한다. 스토리로 형성된 기대가 실제 수익 구조로 이어질 수 있는지가 핵심 변수다.

2. 실적 검증 단계: 중기 추세

이슈를 넘어 증권사 리포트와 산업 보고서가 쏟아지며 구체적인 수치와 전망이 정교해진다. 기대는 점차 매출과 현금흐름으로 연결된다. 기업들은 실제 매출을 창출하기 시작하고, 설비투자를 확대하며 생산능력을 늘린다. 경쟁사들도 시장 점유율을 지키기 위해 공격적인 투자를 단행한다. 대형 기술 기업은 자사 생태계를 활용해 다양한 응용 모델을 출시하고, 중소형 기업은 산업 확장 과정에서 낙수효과를 누리며 성장 궤도에 진입한다. 이 시점부터 주가 흐름은 기업별로 뚜렷하게 갈리기 시작한다.

실적으로 경쟁력을 증명한 기업은 밸류에이션 레벨업 구간에 진입하고, 경쟁에서 밀리거나 시장의 우려를 해소하지 못한 기업은 주가가 원위치로 회귀하기도 한다. 따라서 이 단계에서는 포트폴리오 재조정이 중요하다. 모멘텀이 약해진 종목은 일부 차익을 실현하고, 재평가re-rating가 진행되는 기업의 비중을 늘릴 필요가 있다. 이 시기는 단순히 테마를 따라가는 투자에서 벗어나 펀더멘털 중심의 선별 투자로 전환해야 하는 구간이다.

3. 구조적 확산 단계: 장기 추세

산업 전반에 투자가 쌓이기 시작하면, 정부는 이를 제도와 정책으로 뒷받침하는 경우가 많다. 반대로 때로는 국가 전략이 먼저 방향을 제시하고, 그 흐름에 맞춰 기업 투자가 뒤따르기도 한다. 세제

혜택, 보조금, 규제 완화 등 다양한 인센티브를 통해 기술 확산이 가속된다.

여기에 거시경제 호황과 안정적인 금리 환경까지 결합되면 주식시장은 강력한 상승 추세를 형성한다. 정책, 자본, 기술, 시장 심리가 같은 방향으로 정렬되는 국면이다. 물론 이러한 조건이 동시에 맞아떨어지는 데에는 시대적 환경과 외부 변수라는 '운'도 작용한 덕분이다.

장기 추세로 전환되면 시장은 불확실성에서 벗어나며 한층 안정을 되찾는다. 그 과정에서 기업 이익이 늘어나는 속도보다 주가가 더 빠르게 오르면서 기대감이 과도하게 커지기도 한다. 결국 이는

주식시장에서 트렌드가 형성되는 단계별 특징

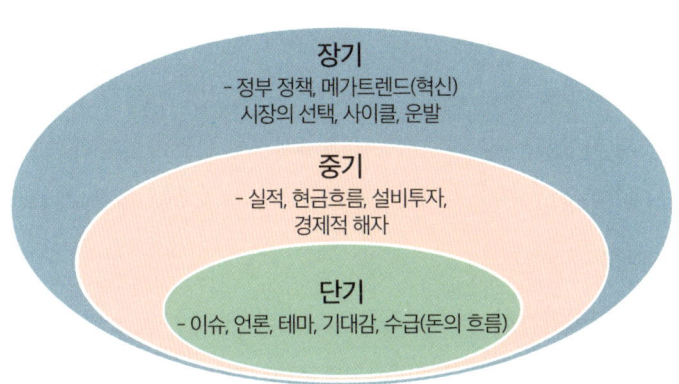

장기
- 정부 정책, 메가트렌드(혁신)
시장의 선택, 사이클, 운발

중기
- 실적, 현금흐름, 설비투자,
경제적 해자

단기
- 이슈, 언론, 테마, 기대감, 수급(돈의 흐름)

- 3단계가 모두 충족되었을 때 장기 트렌드가 형성된다.

버블로 이어질 가능성도 내포한다. 주가는 역사적 고점을 향해 가속하지만, 동시에 과열 신호도 쌓여간다. 구조적인 성장 스토리가 현실로 이어진 이후에는 기대가 과도하게 선반영되는 시점이 찾아오기 때문이다.

시장을 알고 싶다면 월가의 포지션을 보라

미국 증시에서 13F Form 13F 공시는 월가 주요 기관 투자자들이 어디에 자금을 배치하고 있는지를 보여주는 공식 보고서다. 13F는 미국 증권거래위원회 SEC의 규정에 따른 의무 공시로, 1억 달러(100M 달러) 이상의 자산을 운용하는 기관 투자 관리자가 분기 종료 후 45일 안에 제출해야 한다.

13F는 단순한 보유 종목 목록이 아니라, 기관의 전략적 판단과 자산 배분 방향을 읽을 수 있는 중요한 자료다. 어떤 기업을 얼마나 비중 있게 편입했는지는 주요 경제 매체에서도 집중적으로 다뤄진다. 특히 워런 버핏의 13F는 전 세계 투자자들의 관심이 쏠리는 대표적인 사례다.

그렇다면 여기서 중요한 질문은 단순히 "누가 무엇을 샀는가?"가 아니다. "시장의 핵심 플레이어들은 어떤 전략에 무게를 두고 있는가?", "자산 이동의 방향성은 어디를 가리키는가?"를 살펴보는 것이 시장을 공부할 때 더 효과적이다.

물론 13F에는 분기 종료 후 최대 45일의 시차가 존재한다. 따라서 이미 청산된 포지션일 가능성도 있다. 그러나 대형 기관의 특성상 단기 매매보다 중·장기 전략적 포지셔닝이 중심인 경우가 많다. 여러 분기에 걸쳐 특정 기관의 포트폴리오 변화를 추적하면 해당 매니저가 단기 성향인지, 장기 보유 성향인지 비교적 명확히 파악할 수 있다.

다만 분명한 한계도 있다. 13F는 주식의 롱 포지션 중심으로만 공개되기 때문에, 해당 매수가 순수한 펀더멘털 투자였는지, 아니면 파생상품이나 다른 자산과 결합된 헤지 전략의 일부인지는 파악하기 어렵다. 또한 분기 말 수익률 관리 목적의 윈도 드레싱●일 가능성도 완전히 배제할 수 없다. 세부 전략과 리스크 관리 구조는 보고서에 드러나지 않기 때문이다.

그럼에도 수십 년 동안 월가 기관들의 포트폴리오 변화를 추적하고, 유능한 매니저들이 동시에 움직이는 구간을 관찰하다 보면 그들의 전략과 시장을 바라보는 관점을 좀 더 높은 확률로 읽을 수 있게 된다. 13F를 단기적으로 그대로 따라 하기보다는 그들의 움직임을 통해 시장을 보는 내 관점을 점검하는 데 활용하는 것이 미국 주

● 윈도 드레싱window dressing이란 펀드매니저들이 분기 말에 수익률을 좋아 보이게 하려고 수익이 난 종목은 더 사서 주가를 끌어올리고, 손실이 난 종목은 과감히 팔아 보유 종목을 인위적으로 조정하는 행위를 말한다.

식 투자에서 느낄 수 있는 묘미가 아닐까 싶다.

13F에서 고민해볼 체크포인트

1. 여러 유능한 매니저들은 어떤 섹터와 자산군으로 이동하고 있는가?

2. 트렌드 전환이 감지되는가? (예를 들어, AI 하드웨어 → 소프트웨어, 성장주 → 가치주, 대형주 → 중소형주)

3. 포지션 비중 변화에 구조적 특이점이 있는가? (전체 자산 대비 상위 보유 종목 비중 확대 여부)

4. 기관의 매수 논리가 최근 실적 발표 및 가이던스와 정합성을 가지는가?

월가는 어디에 베팅하고 있는가?

13F 매수 비중을 한눈에 확인하는 사이트

1. 데이터로마(dataroma.com)

미국 투자자들이 가장 많이 활용하는 13F 데이터 사이트 중 하나다. 월가 대표 헤지펀드들의 자금 흐름을 간편하게 확인할 수 있으며, 특히 '슈퍼인베스터 superinvestor'라 불리는 핵심 기관 투자자들의 포트폴리오를 정리해 보여준다.

각 투자자가 보유한 Top10 종목, 가장 높은 비중의 투자 종목, 가장 크게 베팅한 기업 등을 통계적으로 확인할 수 있는 점이 이 사이트의 핵심 장점이다. 복잡한 보고서를 직접 읽지 않아도 월가 자금이 어디에 집중되고 있는지 데이터로 파악할 수 있다는 점에서 유용하다.

데이터로마 홈페이지 - 슈퍼인베스터

DATAROMA

Home | Commentaries/Articles | Superinvestors | Activity | S&P 500 Grid | Grand Portfolio | RealTime | Insider

Portfolio Manager - Firm	Portfolio value	No. of stocks	Top 10 holdings (left to right)									
AKO Capital	$6.57 B	22	FLUT	ALC	V	MSFT	AMZN	MCO	RACE	GE	ADI	ICE
Alex Roepers - Atlantic Investment Management	$178 M	10	AXTA	KEX	FLS	APTV	OSK	WFRD	ASH	DCH	ABM	NOMD
AltaRock Partners	$5.1 B	8	AMZN	TDG	MSFT	MCO	MA	V	HLT	GOOGL		
Bill & Melinda Gates Foundation Trust	$35.4 B	23	BRK.B	WM	CNI	MSFT	CAT	DE	ECL	WMT	FDX	KOF
Bill Ackman - Pershing Square Capital Management	$15.5 B	11	BN	UBER	AMZN	GOOG	META	QSR	HHH	HLT	GOOGL	SEG
Bill Miller - Miller Value Partners	$284 M	34	NBR	LNC	GTN	TDAY	QUAD	BFH	FOSL	DCH	CNDT	JELD
Bill Nygren - Oakmark Select Fund	$7.79 B	24	FCNCA	WBD	CRM	IQV	KDP	LAD	ICE	ABNB	COF	SCHW
Bruce Berkowitz - Fairholme Capital	$1.43 B	15	JOE	EPD	OZK	BRK.B	WRB	PGR	CF	OXY	ET	TGT
Bryan Lawrence - Oakcliff Capital	$233 M	8	IBKR	GIL	GOOG	TDG	GWRE	NRP	SGU	LEN		
Carl Icahn - Icahn Capital Management	$8.45 B	13	IEP	CVI	SWX	UAN	SATS	CTRI	IFF	JBLU	AEP	MNRO
Charles Bobrinskoy - Ariel Focus Fund	$74 M	28	B	PBH	AMG	BOKF	JNJ	PHIN	BAC	SNA	APA	SLB
Chase Coleman - Tiger Global Management	$29.7 B	54	GOOGL	MSFT	AMZN	NVDA	SE	META	TTWO	TSM	AVGO	APO
Chris Hohn - TCI Fund Management	$53.6 B	9	GE	V	MSFT	MCO	SPGI	CP	GOOG	FER	CNI	
Christopher Bloomstran - Semper Augustus	$870 M	39	BRK.B	DG	BRK.A	DECK	NEM	DLTR	KGC	FIVE	OLN	VLO
Christopher Davis - Davis Advisors	$22.2 B	108	COF	USB	META	AMAT	CVS	MGM	GOOGL	VTRS	MKL	CTRA
Chuck Akre - Akre Capital Management	$9.12 B	18	MA	BN	KKR	V	MCO	CSGP	ORLY	ROP	ABNB	FICO
Clifford Sosin - CAS Investment Partners	$2.34 B	5	CVNA	HOV	COF	CDLX	SWIM					
Daniel Loeb - Third Point	$7.26 B	42	PCG	NVDA	AMZN	MSFT	UNP	CRH	SGI	BN	NSC	TDS
David Abrams - Abrams Capital Management	$5.67 B	12	LOAR	LAD	GOOGL	SGI	ABG	CPNG	WTW	META	UHAL.B	ET
David Einhorn - Greenlight Capital	$2.85 B	41	GRBK	FLR	CNR	BHF	GPK	PCG	CPRI	CNC	KD	TEVA
David Katz - Matrix Asset Advisors	$1.11 B	107	MSFT	MAVF	GOOG	MS	JPM	AAPL	PNC	USB	QCOM	MDT
David Rolfe - Wedgewood Partners	$535 M	21	TSM	GOOGL	META	AAPL	MSFT	BKNG	V	MSI	TSCO	URI
David Tepper - Appaloosa Management	$6.85 B	38	BABA	GOOG	AMZN	MU	META	TSM	NVDA	WHR	NRG	MSFT
Dennis Hong - ShawSpring Partners	$531 M	11	OKTA	FOUR	CSGP	BABA	BRZE	PCOR	MNDY	FWONK	INTU	BLND
Dodge & Cox	$117.5 B	81	SCHW	RTX	JCI	CVS	FDX	MET	GOOGL	TSM	GSK	GILD
Duan Yongping - H&H International Investment	$17.5 B	14	AAPL	BRK.B	NVDA	PDD	GOOG	OXY	MSFT	BABA	TSM	DIS
First Eagle Investment Management	$58.7 B	419	GOOG	BDX	META	WPM	TSM	HCA	ORCL	IMO	CHRW	ELV
FPA Queens Road Small Cap Value Fund	$952 M	46	RLI	UGI	SNX	IDCC	REVG-OLD	NJR	OSK	CSGS	AX	SFBS

2. 헤지팔로우(Hedgefollow.com)

데이터로마가 숫자 중심으로 정보를 제공한다면, 헤지팔로우는 데이터를 시각적으로 정리해서 보여주는 데 강점이 있다. 특정 기관 투자자나 펀드매니저가 어떤 종목을 어느 정도 비중으로 보유하고 있는지 비교적 직관적으로 확인할 수 있다.

특히 내가 유용하게 보는 부분은 매매이력ownership history이다. 이를 통해 특정 종목에 신규 매수가 발생했는지 확인할 수 있다. 유능한 기관 투자자가 새롭게 포지션을 구축했다면 그 이유가 무엇인지, 그리고 어느 정도 비중으로 진입했는지를 함께 살펴보는 것이 중요하다. 이러한 흐름을 꾸준히 관찰하는 과정이 곧 시장을 읽는 훈련이 된다.

헤지팔로우 홈페이지 - 매매이력

그 외에 도움 되는 사이트들

• 거시 상황과 경제지표가 궁금할 때: 인베스팅(Investing.com)

미국 주식 투자자들이 가장 대중적으로 활용하는 사이트를 꼽는다면 인베스팅을 빼놓기 어렵다. 이 사이트는 글로벌 지수, 외환, 원자재, 금리 등 주요 매크로 지표를 한 화면에서 확인할 수 있어 시장의 큰 흐름을 파악하기에 편리하다. 특히 실적 발표 시즌에는 대형 우량주뿐 아니라 중소형 기업들의 실적 일정과 결과도 정리되어 있어 전체 기업들의 흐름을 빠르게 점검할 수 있다.

또한 개별 기업 페이지에서는 분기별 매출과 이익 추이, 과거 실적 발표 당시의 발표일, 매출과 EPS 서프라이즈 비율, 그리고 실적 발표 이후 주가 반응까지 비교적 쉽게 확인할 수 있다. 이러한 데이터는 기업의 실적 흐름과 시장의 반응 패턴을 함께 살펴보는 데 유용한 참고 자료가 된다.

인베스팅 홈페이지

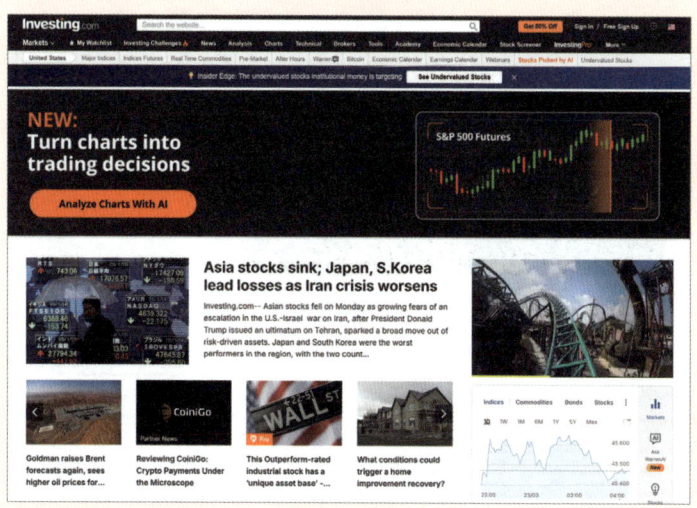

- 글로벌 경제 상황을 한눈에 보고 싶을 때:
  트레이딩이코노믹스(TradingEconomics.com)

인베스팅의 강력한 경쟁자로 꼽히는 매크로 데이터 플랫폼이다. 나는 인베스팅보다 트레이딩이코노믹스를 더 자주 활용한다. 이곳에서는 국가별 GDP, 금리, 물가, 실업률, 국가 부채 등 주요 거시경제 지표를 비교하기 쉽게 정리해놓고 있다. 특히 직관적인 UI(사용자 인터페이스)가 장점이다. 다양한 경제지표를 한 화면에서 효율적으로 비교할 수 있도록 설계되어 있어 매크로 환경을 빠르게 파악하기에 좋다.

예를 들어 Markets 메뉴에서 Indexes를 확인하면 전 세계 주요 증시의 상승률을 일·주·월 단위로 한 번에 비교할 수 있다. 각 지표를 클릭하면 최근 데이터 흐름을 차트 형태로 확인할 수 있어 변화 추이를 파악하기도 쉽다. 유료 결제를 하면 더 다양한 데이터에 접근할 수 있지만, 무료 버전만으로도 글로벌 매크로 환경을 충분히 검토할 수 있는 정보를 제공하는 사이트다.

트레이딩이코노믹스 - 전 세계 주요 증시

• 매일 시장 흐름을 확인하고 싶을 때: 이사벨넷(Isabelnet.com)

오늘의 시장 데이터를 확인할 때 가장 먼저 들어가 보는 사이트다. 사이트 상단을 보면 'FORECASTING MODELS'와 'DAILY BLOG' 메뉴가 있다. 향후 전망과 관련된 분석 자료는 대부분 유료로 제공되지만, DAILY BLOG는 무료로 공개되며 매일 새로운 데이터가 업데이트된다. 특히 DAILY BLOG에서는 다양한 경제지표가 알파벳 순서로 정리되어 있어 원하는 데이터를 직접 찾아 확인할 수 있다. 매일 업데이트되는 지표만 꾸준히 살펴봐도 현재 시장 상황을 점검하는 데 충분한 도움이 된다.

영어로 설명되어 있지만, 크롬 브라우저의 번역 기능을 활용하면 데이터에 대한 간단한 해설도 쉽게 확인할 수 있다. 이렇게 정리된 지표들을 꾸준히 점검하기만 해도 시장의 흐름을 빠르게 파악할 수 있다.

이사벨넷 홈페이지 - 데일리 블로그

· 시장을 한눈에 보고 통찰을 얻고 싶을 때:

  에드워드존스(Edwardjones.com)

사이트 상단의 'Market News and Insights' 메뉴로 들어가면, 왼쪽에 'Financial Market Insights' 섹션이 있다. 이곳에서 일간·주간·월간 단위로 시장을 정리한 콘텐츠가 제공된다. 최근 시장을 움직인 사건과 주요 거시경제 이벤트를 정리하고, 그에 대한 해석과 대응 방향까지 함께 제시한다.

투자에서는 단순히 시장의 방향을 맞히는 것보다, 사람들이 현재 시장 상황을 어떻게 해석하는지를 이해하는 것이 중요하다. 그런 점에서 이 섹션은 시장을 바라보는 전문가들의 관점을 참고하기에 좋은 자료다. 특히 미국 주식을 처음 접하거나 공부하는 단계의 투자자라면 이 섹션을 자주 확인하는 것이 좋다. 다양한 전문가의 시각을 접하다 보면 시장과 거시경제 흐름을 이해하는 데 큰 도움이 된다.

에드워드존스 홈페이지 - 파이낸셜 마켓 인사이트

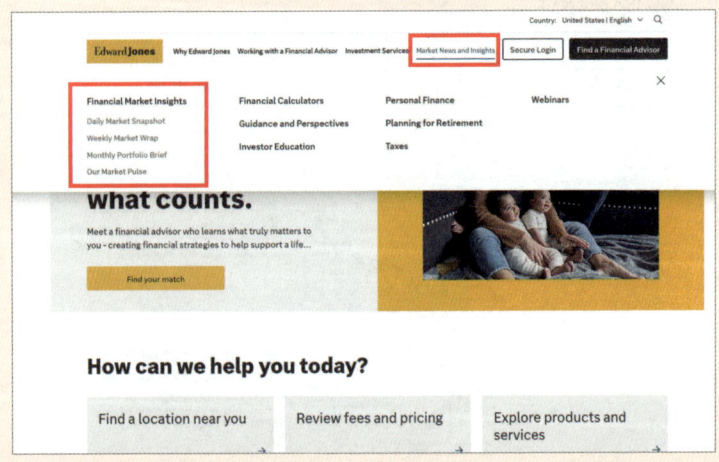

9장 한눈에 시장을 읽는 무기, 히트맵

미국 주식시장을 이해하려면 개별 종목보다 먼저 '지수index'의 흐름을 보는 습관이 필요하다. 지수는 여러 기업의 주가를 일정한 기준에 따라 묶어 평균값처럼 계산한 수치다. 쉽게 말해 수많은 종목의 움직임을 하나의 숫자로 압축해 보여주는 시장의 온도계라고 생각하면 이해하기 쉽다. 예를 들어 어떤 날은 개별 종목이 크게 오르거나 내릴 수 있다. 하지만 전체 시장이 실제로 상승하고 있는지, 아니면 일부 종목만 움직이고 있는지는 지수를 보면 훨씬 명확하게 알 수 있다. 그래서 투자자들은 하루 시장을 평가할 때도 "오늘 시장이 올랐다" 혹은 "시장이 약했다"라는 표현을 주로 지수의 움직임을 기준으로 이야기한다.

시장을 읽는 핵심, 미국 3대 지수

미국 주식시장에서는 기본적으로 3가지 핵심 지수를 확인하는 것이 중요하다. 이 지수들은 각각 서로 다른 성격의 기업들을 대표하기 때문에, 함께 보면 시장의 전체적인 건강 상태와 흐름을 보다 입체적으로 이해할 수 있다.

1. 다우존스 산업평균지수

미국을 대표하는 우량 기업 30개로 구성된 지수다. 19세기 말에 만들어져, 주요 지수 가운데 가장 오랜 역사를 지닌 상징적인 지수로 꼽힌다. 전통적으로 미국 경제를 대표하는 기업들이 포함되어 있어 시장에서는 흔히 "미국 경제의 얼굴"이라고 표현하기도 한다.

다만 구성 종목이 단 30개 기업으로 제한되어 있어서 오늘날처럼 산업이 다양해진 시대에는 시장 전체를 충분히 반영하지 못한다는 지적도 있다. 특히 최근에는 기술 기업과 글로벌 플랫폼 기업이 많이 늘어나면서, 이 지수만으로는 현재 미국 경제의 모든 흐름을 설명하기에는 부족한 것이 사실이다. 그래도 여전히 오랜 역사와 상징성 덕분에 전통 산업과 대형 우량 기업의 흐름을 파악하는 지표로 널리 활용된다.

2. S&P500 지수

현재 미국 주식시장을 가장 정확하게 보여주는 사실상의 기준 지수다. 미국 증시에 상장된 기업 가운데 대형 기업 500개를 선정해 만든 지수로, 글로벌 투자자들이 시장을 판단할 때 가장 많이 참고하는 지표다. 이 지수는 시가총액 가중 방식을 사용한다. 쉽게 말해 기업의 규모가 클수록 지수에 미치는 영향이 커진다는 의미다. 예를 들어 거대한 시가총액을 가진 기업이 크게 움직이면 지수 전체에도 그 영향이 반영된다.

또한 미국 전체 상장 기업의 시가총액 중 약 80퍼센트 이상을 포함하고 있어서 투자자들은 보통 "미국 시장 전체의 흐름을 가장 잘 보여주는 지수"로 평가한다. 다수의 글로벌 펀드와 ETF가 이 지수를 기준으로 운용된다.

3. 나스닥 지수

이 지수는 흔히 혁신과 성장의 상징으로 불린다. 나스닥 거래소에 상장된 기업들을 기반으로 만들어진 지수로, 약 4,000개 이상의 기업이 포함되어 있다(2026년 기준).

특히 IT, 반도체, 소프트웨어, 바이오 등 기술 중심 기업의 비중이 매우 높다. 그래서 시장에서는 나스닥 지수가 상승하면 "기술주가 강하다", 반대로 하락하면 "성장주가 약세다"라는 식으로 해석하는 경우가 많다. 혁신 기업들이 많이 포함된 만큼 다른 지수보다 변동성이 꽤 큰 편이다. 상승할 때는 빠르게 오르지만, 시장이 불안할 때는 낙폭도 커질 수 있다.

히트맵으로 시장 분위기를 읽는다

히트맵Heat Map은 주식시장의 현재 흐름을 가장 직관적으로 보여주는 도구다. 수많은 종목의 움직임을 숫자 대신 색깔로 표현하기 때문에, 시장 상황을 한눈에 파악할 수 있다. 일반적으로 상승한 종목은 초록색, 하락한 종목은 빨간색으로 표시되어 어떤 섹터와 기업에 자금이 몰리는지 곧바로 확인할 수 있다.

투자 경험이 쌓인 투자자라면 히트맵을 단순한 색의 변화 이상으로 활용한다. 자금의 이동 흐름(수급)을 읽는 것은 물론이고, 특정 산업이나 테마가 어떻게 연결되어 움직이는지까지 파악한다. 예를 들어 반도체, AI, 클라우드 같은 산업이 동시에 강하게 나타난다면, 이는 단순한 동반 상승이 아니라 기술 투자 확대나 인공지능 관련 인프라 수요 증가처럼 더 큰 흐름이 작용하고 있을 가능성을 시사한다. 이처럼 히트맵은 현재 시장의 '결과'를 보여주는 도구이면서 동시에, 그 뒤에 숨은 이유와 방향성을 읽어낼 수 있는 단서가 된다. 결국 색의 변화 너머에 있는 자금의 흐름과 시장의 의도를 읽어내는 것이 핵심이다.

S&P500 히트맵

　또한 히트맵을 자세히 들여다보면 그 테마 안에서 실제로 시장을 주도하는 핵심 기업도 발견할 수 있다. 같은 산업에 속한 기업이라도 어떤 기업은 크게 상승하고, 어떤 기업은 거의 움직이지 않을 때가 많기 때문이다. 이런 차이를 관찰하다 보면 어떤 기업이 시장의 관심과 자금을 가장 많이 끌어들이고 있는지 자연스럽게 보이기 시작한다.

　히트맵은 여러 사이트에서 제공하는데, 대표적으로 핀비즈, 트레이딩뷰TradingView, 스톡어낼리시스StockAnalysis가 있다. 사이트에서 자기 취향에 맞는 히트맵을 찾아볼 수 있다. 이 중에서도 많은 투자자가 직관적인 화면 때문에 핀비즈 히트맵을 자주 활용한다. 여기서는 핀비즈를 기준으로 히트맵을 이해해보자. 먼저 히트맵의 기본 구성 원리를 알아두면 좋다.

러셀2000 ● 히트맵

1. 시가총액의 크기

히트맵에서 보이는 각 종목의 사각형 크기는 그 기업의 시가총액 규모를 의미한다. 시가총액이 클수록 화면에서 차지하는 면적도 크게 나타난다. 이 구조 덕분에 투자자는 히트맵을 보는 것만으로도 시장 하락이나 상승이 어디에서 발생하는지 빠르게 파악할 수 있다. 예를 들어 화면에서 큰 사각형을 차지하는 기업들이 대부분 빨간색이라면 대형주 중심으로 시장이 약세라고 해석할 수 있다. 반대로 작은 사각형들이 많이 하락하고 큰 기업들이 안정적이라면 중

● 러셀2000 지수Russell 2000 Index는 미국의 작은 규모 기업 2,000개로 구성된 주가 지수로, 대형주보다 중소형 기업의 흐름을 보여준다. 경기에 더 민감하게 반응하는 특징이 있어, 미국 내 실물 경기 분위기를 가늠하는 지표로 자주 활용된다.

소형주 중심의 조정일 수 있다.

따라서 히트맵을 볼 때는 단순히 색만 보는 것이 아니라 사각형의 크기와 색을 함께 비교하면서 시장 구조를 읽는 것이 중요하다. 이렇게 보면 단 몇 초 만에도 시장을 움직이는 핵심 기업과 자금 흐름의 방향을 파악할 수 있다.

2. 색상의 강도

히트맵에서 색상은 주가의 상승과 하락 강도를 의미한다. 보통 밝은 초록색일수록 상승 폭이 크고, 밝은 빨간색일수록 하락 폭이 크다. 색이 어둡거나 탁하면 상승이나 하락 폭이 상대적으로 크지 않다는 뜻이다.

여기서 한 가지 알아두어야 할 점이 있다. 미국 주식시장에서는 상승을 녹색, 하락을 빨간색으로 표현한다. 이는 한국 시장과 반대이기 때문에 처음 접하는 투자자라면 혼동할 수 있어서 주의해야 한다.

3. 섹터 로테이션 파악

미국 주식시장은 보통 11개의 산업 섹터로 구분된다. 대표적으로 기술, 금융, 헬스케어, 에너지, 소비재 등 다양한 산업군이 여기에 포함된다. 위치에 따라 성장주 vs 가치주, 경기민감주 vs 경기방어주 등으로 파악할 수 있다. 히트맵을 활용하려면 먼저 이 섹터들이 어떤 위치에 배열되어 있는지 대략 익혀두는 것이 좋다.

이렇게 섹터 위치를 이해하고 있으면 히트맵을 보는 순간 어떤 산업에 자금이 몰리는지 빠르게 알 수 있다. 예를 들어 기술주와 성장 산업이 강하게 상승하면 성장주 중심의 시장 분위기로 해석할 수 있고, 금융·에너지·산업 같은 분야가 강세라면 경기민감주 중심의 흐름으로 볼 수 있다. 반대로 헬스케어나 필수소비재가 강한 경우에는 시장 불확실성 속에서 방어적인 섹터로 자금이 이동하고 있을 가능성을 생각해볼 수 있다.

이처럼 히트맵을 통해 섹터 간 자금 이동, 즉 '섹터 로테이션'을 파악할 수 있다. 시장 상황이나 정책 변화에 따라 투자 자금은 특정 산업으로 이동하기 마련인데, 히트맵은 이러한 흐름을 시각적으로 보

히트맵에서 성장주와 가치주 섹터 구분

여준다. 투자자는 이를 통해 지금 시장이 어떤 산업을 중심으로 움직이고 있는지, 자금은 어디로 흐르고 있는지 쉽게 알 수 있다.

4. 시장의 주인공 찾기

히트맵을 보기 전에 시장 지수의 흐름을 함께 확인하는 습관을 들이는 것이 좋다. 히트맵은 개별 종목의 움직임을 보여주지만, 지수와 함께 보면 시장 움직임의 원인까지 더 명확하게 이해할 수 있기 때문이다. 예를 들어 나스닥 지수가 하루 동안 1퍼센트 상승했는데, 그날 알파벳이 4퍼센트 상승했다면 이렇게 해석할 수 있다.

"오늘 나스닥 상승을 이끈 핵심 기업 중 하나가 구글이었구나."

이처럼 지수 상승이나 하락의 배경에 어떤 기업이 실제로 시장을 움직였는지를 확인하는 것이 중요하다. 시장에서 이런 '주인공'이 나타나면 그 기업을 조금 더 깊이 살펴볼 필요가 있다. 단순한 일시적 뉴스나 단기 재료로 상승한 것인지, 아니면 기업의 중장기 가치에 영향을 줄 변화가 발생했는지를 구분해야 하기 때문이다.

이 책에서는 성장주와 가치주의 정의나 세부 산업군을 따로 구분해 설명하지는 않겠다. 과거에는 기업을 비교적 명확하게 성장주와 가치주로 나눌 수 있었다. 그러나 기술 혁신과 산업 구조 변화로 인해 두 개념의 경계가 점점 모호해지고 있다. 대표적인 사례가 애플이다. 과거에는 혁신적인 제품과 빠른 매출 성장 덕분에 전형적인 성장주로 분류됐다. 하지만 지금은 막대한 현금흐름과 안정적인 생태계를 기반으로 우량한 가치주의 성격까지 함께 지니고 있다.

또 다른 변화는 인프라 산업에서 나타난다. 예를 들어 전력·수도·가스 같은 기본 생활 인프라를 담당하는 기업들은 전통적으로 안정적인 배당을 제공하는 방어주로 여겨졌다. 그러나 최근 AI와 데이터센터 확산으로 전력 수요가 급증하면서, 이런 기업들 역시 새로운 성장 기대를 받기 시작했다. 산업과 기술 환경이 변화하면서 섹터의 성격도 함께 바뀌는 것이다. 따라서 투자자는 과거의 단순한 분류에만 의존하기보다는, 시장 환경과 기술 변화 속에서 기업과 산업이 어떤 방향으로 진화하고 있는지를 함께 살펴봐야 한다.

각 섹터별 특성

GICS 섹터	성장주 / 가치주	경기 민감 / 방어	핵심 이유
IT 산업 (information technology)	성장주	경기 민감	미래 이익 기대·금리 민감, IT 투자 사이클 영향
커뮤니케이션 (communication services)	성장주	경기 민감	광고·플랫폼 매출이 경기와 직결
경기소비재 (consumer discretionary)	성장주	경기 민감	소비 여력에 따라 실적 변동 큼
산업재 (industrials)	가치주	경기 민감	설비·인프라·물류, 경기 확장기에 강세

소재 (materials)	가치주	경기 민감	원자재·건설·제조 사이클 영향
에너지 (energy)	가치주	경기 민감	유가·경기·지정학에 직접 노출
금융 (financial)	가치주	경기 민감	금리·대출·경기 순환의 핵심
부동산 (real estate)	가치주	경기 민감	금리·경기·상업활동 영향 큼
헬스케어 (healthcare)	혼합 (성장+가치)	경기 방어	필수 수요 + 일부 혁신 성장
필수소비재 (consumer staples)	가치주	경기 방어	불황에도 소비 유지
유틸리티 (utilities)	가치주	경기 방어	규제 산업·안정적 현금흐름

위의 표를 간단하게 구분하면 아래와 같다.

구분	경기 민감(cyclical) 섹터	경기 방어(defensive) 섹터
성장주	IT, 커뮤니케이션, 경기소비재	헬스케어(일부 혁신 영역)
가치주	금융, 산업재, 에너지, 소재, 부동산	필수소비재, 유틸리티

시장을 이끄는 주도주 찾아내기

시장을 이끄는 핵심 기업을 우리는 대장주 혹은 주도주라고 부른다. 단순히 "오늘 많이 오른 종목"이 아니라, 동일 산업이나 섹터 내에서 다른 기업들을 압도하며 자금을 끌어당기는 중심 역할을 하는 기업을 의미한다. 여기서 중요한 개념이 바로 '압도한다'는 것이며 이는 '시장의 선택을 받았다'는 뜻이다. 시장의 선택을 받았다는 것은 단기적인 이벤트를 넘어 중장기적인 추세 속에서 산업을 이끌 가능성이 매우 크다는 신호로 해석할 수 있다.

물론 진짜 주도주를 찾기 위해서는 기업 분석과 산업 이해가 필수적이다. 하지만 핀비즈 같은 히트맵을 활용하면 초기 시그널을 빠르게 포착할 수 있고, 이는 남들보다 한발 앞서 접근할 수 있는 중요한 전략이 된다.

1. 섹터 내 '강도'를 먼저 파악하라

시장은 항상 큰 흐름(섹터 단위 자금 이동)을 만든다. 그 흐름 속에서 가장 강하게 치고 나가는 종목이 바로 주도주 후보이다.

- 섹터 전체가 상승할 때 → 가장 강하게 오르는 종목
- 섹터 전체가 하락할 때 → 가장 덜 빠지고 버티는 종목

특히 중요한 것은 두 번째다. 하락장에서 버티는 종목은 시장이 상승으로 돌아설 때 가장 먼저 올라갈 가능성이 크다.

2. '덩치'가 큰 종목의 움직임을 주목하라

히트맵에서 사각형의 크기는 시가총액을 의미한다. 여기서 중요한 핵심은 다음과 같다.

- 중소형주 +10% 상승 vs 대형주 +3~4% 상승
  → 시장에 미치는 영향력은 소폭 상승일지라도 대형주가 훨씬 강하다.

예를 들어 엔비디아, 애플 같은 초대형 기업이 몇 퍼센트만 움직여도, 이는 막대한 자금 유입을 의미하며 시장 전체를 끌어올리는 역할을 하게 된다. 이러한 종목은 단순 상승이 아니라 글로벌 자금이 집중되고 있는 '진짜 주도주'일 가능성이 크다.

3. 주도주는 '지속성'을 가진다

하루 급등한 종목은 많지만, 지속적으로 상승하는 종목은 많지 않다. 주도주를 판단할 때는 상승이 단순한 하루짜리 뉴스 이벤트인지, 아니면 일주일 이상 이어지는 흐름인지 확인하는 것이 중요하다. 일반적으로 상승이 1주일 정도 지속되면 단기 추세가 형성된

것으로 볼 수 있고, 1개월 이상 이어진다면 주도주로 자리 잡을 가능성이 크다. 히트맵의 기간 설정 기능을 활용하면 이러한 흐름을 훨씬 명확하게 확인할 수 있다.

4. 주도주는 혼자 움직이지 않는다

진짜 주도주는 단독으로 움직이지 않는다. 먼저 주도주가 강하게 상승하면 시장의 의심이 줄어들고 같은 섹터의 다른 종목들로 매수세가 퍼져 나간다. 이 과정에서 후발 종목(수혜주)들이 함께 상승한다. 즉, 주도주가 섹터 전체의 상승을 견인하는 것이다. 이 흐름이 지속된다면, 해당 종목은 단순한 강세 종목이 아니라 시장 전체를 이끄는 주도주로 자리 잡을 가능성이 크다. 주도주를 찾는다는 것은 단순히 '많이 오른 종목'을 고르는 일이 아니다. 자금이 어디로 몰리고 있는지, 어떤 기업이 시장의 신뢰를 얻고 있는지, 그리고 그 흐름이 얼마나 지속되고 있는지를 읽어내는 과정이다. 이러한 관점에서 히트맵을 꾸준히 활용한다면, 시장의 흐름을 먼저 읽고 주도주에 한발 앞서 접근하는 능력을 자연스럽게 키울 수 있다.

밸류에이션 파악하기

종목을 선정하는 방법에는 여러 가지 접근법이 있다. 흥미로운 점은 월가의 전설적인 투자자들조차 기업을 평가할 때 가장 중요하게 보는 기준이 서로 다르다는 것이다.

예를 들어 워런 버핏은 기업을 분석할 때 지속적인 경쟁 우위, 즉 경쟁사가 쉽게 따라올 수 없는 '해자moat'를 가장 중요하게 본다. 여기에 안정적이고 우수한 수익성을 갖춘 기업인지도 핵심 기준으로 삼는다. 가치투자의 아버지라 불리는 벤저민 그레이엄은 안전마진 margin of safety 개념을 강조했다. 기업의 내재가치보다 훨씬 낮은 가격에 주식을 매수해, 시장 변동성이 커지더라도 손실 위험을 최소화하면서 수익 가능성을 확보하는 전략이다.

또 다른 투자자들은 전혀 다른 방식으로 시장을 바라본다. 스탠리 드러켄밀러Stanley Druckenmiller는 거시경제 흐름을 분석해 큰 방향성에 베팅하는 매크로 투자로 유명하다. 반면 리스크 관리의 대가로 불리는 하워드 막스는 사이클 분석과 역발상 투자를 매우 중요하게 생각한다. 물론 이들은 모두 최고의 투자자들이기 때문에 실제 투자에서는 한 가지 방법만 고집하는 것이 아니라 시장 상황에 맞게 유연하게 접근한다.

워런 버핏의 가치투자 철학을 현대적으로 발전시키면서도 보다 공격적인 방식으로 활용하는 투자자로 평가받는 빌 애크먼의 종목 선정 기준을 살펴보자. 그는 기업의 펀더멘털과 시장 구조를 분석해 확신이 있는 소수의 기업에 집중 투자하는 전략으로 잘 알려져 있다.

- 단순하고 예측 가능한 비즈니스인가?
  - 설명하기 복잡한 비즈니스는 분석하지 않는다.
- 강력한 현금흐름 능력을 갖추고 있는가?
  - 실제로 주주에게 돌아오는 현금흐름을 최우선으로 본다.
- 시장에서 독점적 위치에 있는가?
  - 특정 분야에서 압도적이거나 대체 불가능한 브랜드 파워를 가졌는지 체크한다.
- 높은 진입 장벽을 가졌는가?
  - 경쟁자가 쉽게 접근하기 힘든 강력한 점유율을 가지고 있는지 본다.
- 투자 대비 수익률은 높은가?
  - 적은 자본 투입으로 높은 수익을 내는 효율성을 가졌는지 확인한다.
- 건전한 재무제표를 가졌는가?
  - 부채가 많은 기업은 제외한다.
- 뛰어난 경영진과 지배구조로 되어 있는가?
  - 경영진이 무능하다면 빌 애크먼은 경영진을 교체하거나 직접 이사회에 참여한다.
- 합리적인 가격대이고 주가 상승 여력이 매력적인가?
  - 아무리 좋은 기업이라도 비싸면 사지 않는다.

수많은 투자자가 '좋은 기업'을 찾기 위해 각자 나름의 기준으로 시장을 바라본다. 같은 기업을 보더라도 평가가 달라지는 이유다. 예를 들어 우버라는 기업 하나만 보더라도 어떤 투자자는 성장 잠재력을 높게 평가해 매수에 긍정적일 수 있고, 또 다른 투자자는 실체보다 과대평가되었다고 판단할 수 있다.

투자는 각자가 세운 기준과 판단에 따라 이루어지는 선택의 과정이다. 따라서 우리는 더 현명한 결정을 내리기 위해 끊임없이 고민하고 비교해야 한다. 이 과정에서 중요한 것이 바로 밸류에이션, 즉 기업가치 평가다. 투자 초보자들이 흔히 하는 실수 중 하나는 밸류에이션이 낮은 종목을 무조건 '좋은 종목'이라고 생각하는 것이다. 그러나 밸류에이션은 '좋은 기업을 찾는 도구'라기보다 현재 주가가 기업가치에 비해 얼마나 고평가 혹은 저평가되어 있는지 확인하는 도구에 가깝다.

어떤 기업의 밸류에이션이 낮다면, 그 이유부터 확인해야 한다. 일시적인 악재로 저평가된 것일 수도 있지만, 펀더멘털이 약화된 결과일 수도 있기 때문이다. 단순히 '가격이 싸다'는 이유만으로 접근하는 것은 위험하다. 투자자는 항상 다음 3가지 요소를 함께 살펴보는 습관을 길러야 한다.

- 가격price: 현재 주가가 어느 수준에 있는가?
- 가치value: 기업의 본질적인 가치가 얼마나 되는가?

- 기업의 체력quality: 꾸준히 성장하면서 수익을 낼 수 있는 기업
  인가?

이 3가지를 동시에 고려해야 비로소 균형 잡힌 투자 판단이 가능
해진다. 기술이 발전한 지금은 과거보다 훨씬 다양한 도구를 활용
해 투자 분석 시간을 크게 줄일 수 있다. 예를 들어 "위에서 언급한
조건을 충족하는 S&P500 기업을 찾아 달라"고 생성형 AI에 질문하
면 몇 초 안에 후보 종목을 정리해주는 시대가 되었다.

물론 이러한 조건을 통과한 기업이라고 해서 곧바로 높은 수익을
보장해주는 것은 아니다. 최종적으로 시장에서 어떤 기업이 선택받
을지는 시장 참여자들의 판단과 자금 흐름이 결정하기 때문이다.
그럼에도 투자자가 미래에 주목받을 가능성이 있는 매력적인 기업
들을 미리 선별해두고 꾸준히 관찰한다면, 기회가 찾아왔을 때 훨
씬 빠르게 대응할 수 있다. 시장의 기회는 언제나 준비된 투자자에
게 먼저 보인다.

개별 종목 밸류에이션 확인하기

포워드 PER과 PEG

포워드 PER Forward PER은 현재 주가를 앞으로 12개월 동안 예상되

는 주당순이익(EPS 예측치)으로 나눈 값이다. 즉, 현재 기업이 벌고 있는 이익이 아니라 앞으로 벌어들일 것으로 예상되는 이익을 기준으로 기업의 가치를 평가하는 지표라고 볼 수 있다.

예를 들어 현재 주가가 다소 높아 보이더라도, 앞으로 기업의 이익이 많이 증가할 것으로 예상된다면 그 미래 이익을 현재 시점으로 끌어와 기업의 가치를 판단한다. 그래서 포워드 PER을 분석할 때는 보통 해당 기업의 과거 평균 PER이나 동일 산업에 속한 기업들과 비교해 해석한다.

주식시장은 기본적으로 미래를 선반영하는 성격을 띤다. 따라서 현재 이익 규모가 크지 않더라도, 내년에 이익이 크게 늘어날 것으로 예상되는 기업은 포워드 PER 기준으로 보면 동종 업종 대비 낮은 수치로 나타날 수 있다. 이런 경우 투자자 입장에서는 현재 주가가 상대적으로 저렴해 보인다.

하지만 이 지표에도 분명한 리스크가

- 히트맵의 왼쪽에 있는 메뉴에서 Forward P/E를 클릭해서 히트맵을 확인한다.

- 엔비디아의 포워드 PER이 23배임을 확인할 수 있다.

존재한다. 포워드 PER은 어디까지나 '예상치'를 바탕으로 계산된
값이다. 그런 만큼 기업 실적 전망은 경제 상황이나 산업 환경 변화
에 따라 언제든지 바뀔 수 있다.

예를 들어 갑작스러운 경기 침체가 발생하거나 기업에 예상치 못
한 악재가 생기면, 시장이 기대했던 순이익 증가 전망이 빠르게 꺾
일 수 있다. 그렇게 되면 기존에 낮아 보이던 포워드 PER 역시 의미
가 크게 달라질 수 있다. 그러니 포워드 PER을 활용할 때는 단순히
수치만 확인하는 것이 아니라 이익 증가 전망이 얼마나 현실적인
지, 그리고 어떤 가정에 기반하고 있는지까지 함께 살펴보는 것이
중요하다.

예를 들어 엔비디아의 포워드 PER이 23배라고 하자(2026년 2월 기
준). 이 수치만 보고 엔비디아가 고평가인지 저평가인지 단정할 수

있을까?

사실 하나의 기업을 단 몇 가지 숫자만으로 고평가 또는 저평가라고 판단하기는 쉽지 않다. PER은 기업가치 평가에서 매우 널리 사용되는 지표지만, 한 가지 중요한 한계가 있다. 바로 기업의 성장률을 반영하지 못한다는 점이다. 이때 활용할 수 있는 지표가 바로 PEG Price Earnings to Growth ratio(주가수익성장비율)이다. PEG는 PER에 성장률을 함께 고려하는 지표로, PER의 약점을 보완하는 역할을 한다. PEG 계산 방식은 간단하다.

- PEG = Forward PER ÷ EPS 성장률

예를 들어 엔비디아의 포워드 PER이 23배라고 가정해보자.

- EPS 성장률이 23%라면 → PEG = 1
- EPS 성장률이 46%라면 → PEG = 0.5

이처럼 성장률이 높을수록 PEG 값은 낮아진다. 일반적으로 투자자들은 PEG를 다음과 같은 기준으로 참고한다.

- 0.5 이하 → 매우 저평가 구간
- 1 내외 → 적정 밸류에이션

• 1.5 이상 → 고평가 가능성

즉, 단순히 포워드 PER만 보면 "23배는 비싼 것 아닌가?"라고 생각할 수 있지만, 만약 기업의 이익 성장률이 매우 빠르다면 실제 밸류에이션은 오히려 합리적일 수도 있다. 따라서 히트맵이나 밸류에이션 데이터를 확인할 때 포워드 PER이 높다는 이유만으로 고평가라고 단정하기보다는, PEG까지 함께 확인하면서 기업의 성장성과 현재 가격이 얼마나 균형을 이루고 있는지 살펴본다. 이렇게 하면 기업의 현재 밸류에이션을 훨씬 입체적으로 판단할 수 있다.

- 엔비디아의 포워드 PER은 23배이지만 PEG는 0.47로 저평가 구간에 속한다.

ROE(자기자본이익률)

ROE^{Return on Equity}는 주식 투자에 관심 있는 사람이라면 한 번쯤

은 들어봤을 대표적인 지표다. 이 지표는 기업이 주주의 돈(자기자본)을 활용해 1년 동안 얼마나 효율적으로 수익을 창출했는지를 보여주는 일종의 성적표라고 볼 수 있다.

최근 투자자들이 빅테크 기업에 큰 관심을 보이는 이유 중 하나도 바로 높은 ROE 때문이다. 전통적으로 기업들의 장기 평균 ROE는 약 15~20퍼센트 수준으로 알려져 있는데, 많은 빅테크 기업들은 이보다 훨씬 높은 수치를 기록하며 압도적인 자본 효율성을 보여주고 있다.

특히 기술 기업의 ROE가 높은 이유는 이들의 소프트웨어 중심 사업 구조와 관련이 깊다. 소프트웨어 플랫폼이나 디지털 생태계는 한 번 구축되면 추가 비용이 많이 증가하지 않는 편이다. 즉, 물리적 설비나 인건비를 대규모로 늘리지 않고도 수익을 빠르게 확장할 수 있는 구조다. 이러한 효율성이 시장의 새로운 트렌드를 만들었고, 투자자들은 이런 기업들에 높은 가치를 부여하게 되었다. 대표적인 사례로는 애플, 마이크로소프트, 엔비디아 같은 기업들이 있다. 이들은 강력한 기술 생태계를 기반으로 매우 높은 ROE를 유지하며 시장의 주목을 받아왔다.

하지만 앞으로 투자자가 주의 깊게 살펴봐야 할 질문도 있다. AI 시대가 본격화하는 현재, 이런 높은 자본 효율성이 다른 산업으로도 확산될 것인가? 그리고 지금까지 압도적인 수익성을 보여준 빅테크 기업들이 앞으로도 이러한 이익률을 계속 유지할 수 있는가?

투자에서 중요한 점은 단순히 절대적인 수치를 보는 것이 아니다. 그 수치가 과거와 비교해 어떤 방향으로 변화하고 있는지가 더 중요하다. 기업의 이익이 계속 증가하더라도, 시장이 기대했던 성장률의 기울기가 완만해지면 투자자들의 기대도 빠르게 식을 수 있다. 실제로 주식시장은 기업이 성장하고 있음에도 불구하고 성장 속도가 느려졌다는 이유만으로도 주가가 크게 조정되는 경우가 많다. 투자자는 과거의 뛰어난 성과가 앞으로도 지속될 수 있는지를 꾸준히 점검해야 한다. 또한 ROE를 분석할 때 반드시 주의해야 할 함정도 있다. ROE는 다음과 같이 계산된다.

- **ROE = 당기순이익 ÷ 자기자본**

이 공식에서 중요한 점은 자기자본이 분모라는 것이다. 만약 기업이 많은 부채를 활용해 자사주 매입을 진행하고 자기자본 규모를 줄인다면, 분모가 작아지면서 ROE가 인위적으로 높아질 수 있다. 이 경우 실제로 기업의 수익성은 좋아진 것이 아니라 재무 구조 변화로 인해 ROE가 높아 보이는 '착시'에 불과하다. 따라서 투자자는 단순히 ROE 수치만 볼 것이 아니라 아래 사항들을 주의 깊게 살펴봐야 한다. 그래야 진짜 수익성이 높은 기업인지, 아니면 재무 구조에 의해 높아 보이는 ROE인지를 제대로 구분할 수 있다.

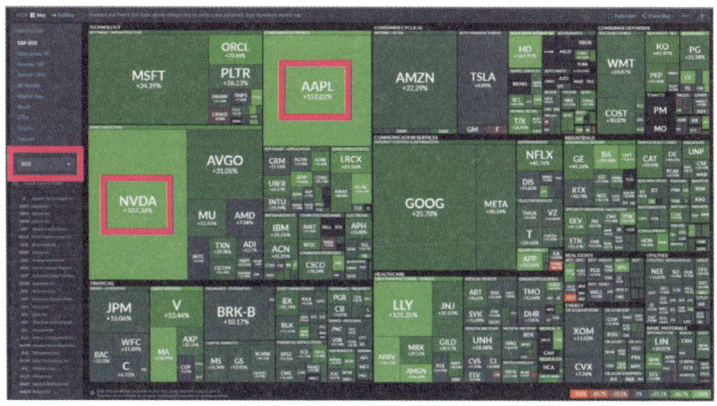

2026년 2월 기준, 엔비디아의 ROE는 107%, 애플은 152%를 기록하고 있다.

- 실제 영업이익과 순이익이 얼마나 성장하고 있는가?
- 부채 증가나 자사주 매입으로 인해 ROE가 왜곡되었나?

매출총이익률과 순이익률

매출총이익률과 순이익률을 함께 보면서 시장 분위기를 읽는 것도 투자에서 흥미로운 부분이다. 간단히 구분해보면 다음과 같이 이해할 수 있다.

- 매출총이익률Gross Margin → 제품 경쟁력과 비즈니스 모델의 우수성을 보여주는 지표
- 순이익률Net Margin → 기업 전체 운영의 효율성과 최종 수익성을 보여주는 지표

2026년 2월 기준, 순이익률 히트맵

2026년 2월 기준, 매출총이익률 히트맵

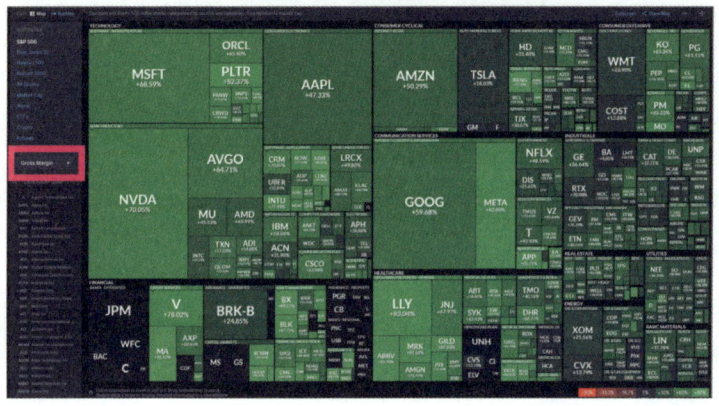

즉, 기업이 얼마나 효율적으로 돈을 벌고 있는지를 보려면 순이익률을, 제품이나 서비스가 얼마나 강력한 경쟁력이 있는지를 보려면 매출총이익률을 살펴보는 것이 좋다.

시장을 지켜보면 기업마다 투자자들이 특히 주목하는 '열광 포인트'가 하나씩 존재한다. 예를 들어 엔비디아의 경우 AI 시대가 본격화되면서 GPU 수요가 폭발적으로 증가했고, 시장은 자연스럽게 매출총이익률에 집중하기 시작했다. 이는 엔비디아가 가진 GPU 제품의 독점적 경쟁력과 높은 수익 구조에 투자자들이 열광했기 때문이다. 그래서 엔비디아가 실적을 발표할 때마다 투자자들은 항상 같은 질문을 던진다. "이렇게 높은 매출총이익률이 계속 유지될 수 있을까, 아니면 꺾이기 시작할까?"

또 다른 사례로는 비자와 마스터카드가 있다. 이 기업들은 약 50퍼센트에 가까운 순이익률을 오랫동안 유지해왔다. 이는 글로벌 결제 네트워크 시장에서 이들이 얼마나 강력한 지배력을 가지고 있는지를 보여준다. 그러나 높은 수익성은 긍정적인 신호인 동시에 취약점이 될 수도 있다. 높은 마진은 경쟁을 불러오기 쉽고, 새로운 기술이 등장하면 그 구조는 쉽게 무너질 수 있기 때문이다. 따라서 현재의 높은 순이익률이 오히려 미래 리스크를 의미할 수도 있다. 그래서 수익성과 함께 그 구조가 오래 유지될 수 있는지까지 함께 들여다봐야 한다.

시장 입장에서 가장 매력적인 스토리는 크게 관심받지 못했던 기업의 이익률이 높아지면서 시장의 주인공으로 변화하는 과정이다. 따라서 투자자는 단순히 '이익률이 높은 기업'을 찾는 데만 집중해서는 안 된다. 더 중요한 것은 이익률이 앞으로 더 좋아질 가능성이 있는 기업, 즉 성장 과정에 있는 기업을 찾는 것이다.

반대로 오랫동안 높은 수익성을 유지해온 기업들은 언제든지 그 위치에서 내려올 가능성도 존재한다. 그래서 투자자는 항상 다음 질문을 스스로에게 던져야 한다. "이 기업의 수익성은 앞으로도 계속 강화될 것인가?" "아니면 이미 정점에 가까운 것인가?" 이런 관점에서 기업의 수익 구조 변화를 꾸준히 관찰하는 습관이 필요하다.

한편 어떤 기업의 경우 매출총이익률과 순이익률 사이에 큰 차이가 나기도 한다. 그 이유는 두 지표가 기업의 수익 구조를 서로 다른 단계에서 보여주기 때문이다. 그 차이를 살펴보면 기업의 비용 구조와 재무 상태를 더 깊이 이해할 수 있다. 대표적인 이유는 다음과 같다.

- 광고비나 연구개발비 지출이 큰 기업 - 제품의 마진은 높지만 시장 점유율을 높이기 위해 막대한 비용 지출이 있는 경우
- 회사 구조에 문제가 있는 경우 - 제품 경쟁력은 있지만 인건비, 판매관리비, 유지비 등 운영에 문제가 있는 경우
- 부채가 많은 기업 - 돈은 잘 벌지만 이자와 부채를 갚느라 실속을 못 챙기는 경우
- 일시적으로 큰 비용을 쓴 기업 - 소송에서 패소, 세금 추징, 반독점 벌금 등 일시적으로 비용이 발생한 경우

결국 제품 경쟁력(Gross Margin)과 회사 운영 효율성(Net Margin) 사이에 큰 괴리가 있다면, 기업 경영 구조 어딘가에 문제가 있을 가능성을 의미한다. 이런 기업은 투자자 입장에서 매력적으로 평가하기 어렵다. 각 산업과 기업은 처한 환경이 모두 다르다. 어떤 기업은 연구개발 투자가 필수적인 산업에 속해 있고, 어떤 기업은 높은 부채 구조를 기반으로 사업을 운영하기도 한다. 특정 기업에 관심이 생겼다면 단순히 숫자만 보는 것이 아니라 왜 이러한 수익 구조가 나타나는지 개별적으로 확인하는 과정이 중요하다.

이외에도 다양한 밸류에이션 지표를 핀비즈 히트맵에서 확인할 수 있다. 다만 위에서 언급한 핵심 지표들만 제대로 이해하고 활용하더라도 충분히 '괜찮은 종목'을 선별하는 데 도움을 받을 수 있다.

특히 미국 주식을 처음 접하거나 이제 막 관심을 두기 시작한 투자자라면 기업의 흐름을 읽는 데 어느 정도 시간이 필요하다. 단순히 한 번 확인하고 끝내기보다는, 평소에도 수시로 히트맵이나 기업 지표를 확인하면서 각 기업의 밸류에이션과 수익 구조가 어떻게 변화하는지 꾸준히 살펴보는 것이 좋다.

이 과정에서 중요한 것은 나만의 기준점을 세우는 것이다. 어떤 투자자는 성장률을 중요하게 보고, 어떤 투자자는 수익성과 자본 효율성을 더 중시한다. 자신이 중요하게 생각하는 기준을 바탕으로 기업을 선별하고 꾸준히 공부하다 보면, 자연스럽게 시장과 기업을 바라보는 눈이 생기게 된다.

물론 이러한 과정이 당장 투자 수익으로 이어지지 않을 수도 있다. 그러나 기업을 분석하고 시장을 이해하는 경험은 시간이 지날수록 쌓이고, 결국 훗날 중요한 투자 결정을 내려야 할 때 보다 합리적인 판단을 할 수 있게 돕는 자산이 된다.

밸류에이션 분석 지표

카테고리	핵심 지표	정의 및 산식	2차적 사고 & 실전 투자 포인트(심화)
이익 기반	PER	주가 / 주당 순이익(EPS)	과거trailing보다 미래forward가 중요함. PER이 낮아도 이익 전망치가 하향 중이면 '밸류에이션 함정'일 수 있음
	PEG	PER / 이익 성장률	PEG 1.0 미만은 성장에 비해 주가가 싸다는 강력한 신호. 고성장 테크주를 평가할 때 필수 지표
자산/매출 기반	PBR	주가 / 주당 순자산(BPS)	1.0 미만은 장부가보다 싸다는 뜻이나, ROE가 동반 상승하지 않는 낮은 PBR은 자산의 효율성이 떨어짐을 의미
	PSR	주가 / 주당 매출액	이익이 아직 나지 않는 초기 기업의 시장 점유율 가치를 측정. 매출 성장 속도가 둔화하면 주가는 폭락할 위험이 큼
현금흐름 기반	EV / EBITDA	(시총+부채) / 영업이익	감가상각비 비중이 큰 제조/반도체 산업에 유용. 기업을 통째로 인수할 때 본전 회수 기간을 의미하며, 부채 규모를 고려함
	PCF	주가 / 주당 현금흐름	장부상 이익(순이익)은 조작될 수 있지만, 현금흐름은 거짓말을 안 함. PER의 신뢰도를 보완할 때 사용

시장 전체	버핏 지수	전체 시총 / GDP	한 나라의 실물 경제 대비 증시가 얼마나 과열되었는지 측정. 100~120% 상회할 때는 시장 전반의 비중 축소 고려
	CAPE	10년 평균 이익 기준 PER	경기 변동을 제거한 장기 밸류에이션. 역사적 고점 부근일 때 장기 수익률 기대치를 낮춰야 함
절대 가치	DCF / RIM	미래 현금흐름의 현재 가치 할인	다른 주식과 비교하지 않는 기업 고유의 가치. 할인율(금리) 변화에 매우 민감하므로 고금리 시기에는 보수적 계산 필요

경기에 따라 달라지는 투자 섹터

글로벌 자산운용사인 피델리티Fidelity Investments에서 제시하는 비즈니스 사이클business cycle은 경제 흐름에 따라 어떤 산업 섹터가 강세 혹은 약세를 보이는지를 정리한 일종의 섹터 로테이션 지도라고할 수 있다. 경기가 회복되는 시기인지, 성장하는 시기인지, 둔화되는 시기인지에 따라 돈이 몰리는 산업이 달라지기 때문이다.

예를 들어 경기가 살아나면 경기 민감 업종이 강세를 보이고, 경기 침체의 조짐이 보이면 방어적인 산업으로 자금이 이동하는 식이다. 이렇게 경제 흐름에 따라 자금이 이동하는 방향을 한눈에 정리한 것이 바로 피델리티의 비즈니스 사이클이다.

경제는 항상 일정한 흐름을 반복한다. 어떤 시기에는 성장하고, 또 어떤 시기에는 후퇴하거나 위축된다. 이 과정에서 각 산업 섹터 역시 동일하게 영향을 받으며 성장과 위축을 반복한다. 피델리티 비즈니스 사이클은 이러한 경제 흐름을 크게 네 단계로 구분한다.

- 1단계 침체기
- 2단계 회복기
- 3단계 확장기
- 4단계 후퇴기

일반적으로 주식시장은 침체기에 약세를 보이고, 경제가 바닥을 통과한 뒤 회복기에 접어들면 빠르게 상승하는 경향이 있다. 따라서 투자자들은 이 사이클을 통해 현재 경제가 어느 단계에 있는지를 파악하려고 한다.

이 지표의 핵심 목적은 단순히 경제 상황을 설명하는 데 그치지 않는다. 경제 활동의 변화가 시장에 반영되는 흐름을 분석하여 어떤 섹터에 자금을 배분해야 하는지, 그리고 매매 타이밍을 어떻게 잡아야 하는지 판단하는 데 도움을 주는 것이다. 피델리티 비즈니스 사이클은 투자자가 시장을 바라볼 때, "지금 경제가 어느 단계에 있는가"와 "다음에는 어떤 산업이 주목받을 가능성이 큰가"를 생각하게 만드는 중요한 틀이다.

섹터	초기 국면	중간 국면	후기 국면	침체 국면
금융	+			-
부동산	++	-	+	--
임의소비재	++		--	
IT	+	+	-	--
산업재	++			--
소재	+	--		-
필수소비재	--	-	+	++
헬스케어	--			++
에너지	--		++	--
커뮤니케이션 서비스		+		-
유틸리티	--	-		++

*표에서 표현되는 기호의 의미
흰색 곡선: 경기의 상승과 하강을 나타내는 사이클 곡선
++ / + (초록색 배경): 해당 국면에서 시장 평균(S&P500 등)보다 높은 수익률을 기록할 확률이 매우 높음(++) 또는 높음(+)을 의미
- - / - (주황색 배경): 해당 국면에서 시장 평균보다 낮은 수익률을 기록할 확률이 매우 높음(--) 또는 높음(-)을 의미
빈칸: 뚜렷한 상관관계가 없거나 성과가 섞여 있음을 의미

시장 단계별 유망 섹터

피델리티가 정리한 비즈니스 사이클 모델은 경제 상황을 네 단계로 구분하고, 각 단계에서 어떤 산업 섹터가 상대적으로 강세를 보이는지를 설명한다.

1단계 - 초기 국면(rebounds, 회복기)

경기가 바닥을 찍은 뒤 회복되는 시기다. 일반적으로 이때는 금리가 낮고 정부나 중앙은행의 경기 부양 정책이 강하게 작동하는 경우가 많다. 경제 활동이 다시 살아나기 시작하면서 사람들은 주

택을 구매하고 소비를 늘리며 기업들은 공장을 다시 가동한다. 이러한 이유로 다음과 같은 경기 민감 섹터가 먼저 반응하는 경향이 있다.

- 부동산
- 임의소비재●
- 산업재

즉, 경기가 살아날 때 소비와 생산이 동시에 증가하는 산업이 가장 먼저 상승하기 시작한다.

2단계 - 중간 국면(peaks, 호황기)

경제가 가장 강하게 성장하는 시기로, 경기 확장이 정점에 가까워지는 단계다. 기업들은 투자와 고용을 확대하고 시장에는 풍부한 유동성이 공급되며 주식시장은 강한 상승 흐름을 이어가는 경우가 많다. 이 시기에는 특히 기술 혁신과 서비스 확장이 활발해지면서 성장 기업들이 강세를 보인다. 대표적인 섹터는 다음과 같다.

● 임의소비재는 꼭 사야 하는 필수품이 아니라, 소득과 여유가 있을 때 선택적으로 소비하는 상품이나 서비스를 말한다. 예를 들어 자동차, 여행, 명품, 외식 같은 소비가 여기에 해당한다.

- 기술이나 커뮤니케이션 서비스 등 IT 기업

예를 들어 엔비디아, 애플, 마이크로소프트 같은 기술 기업들이 주목받는 환경이 이 단계에서 자주 등장한다.

3단계 - 후기 국면(moderates, 후퇴기)

경제 성장은 계속되지만 성장 속도가 점차 둔화되는 시기다. 장기간의 호황을 거치면서 시장에는 과열 신호가 나타나고 인플레이션(물가 상승) 압력이 높아지기 시작한다. 이때 중앙은행, 특히 연준은 물가 상승을 억제하기 위해 금리 인상과 긴축 정책을 시행하는 경우가 많다. 유동성이 줄어들면서 시장 분위기도 점차 조심스러워진다. 이 시기에는 다음과 같은 섹터가 상대적으로 강세를 보이는 경향이 있다.

- 에너지
- 헬스케어(의료 서비스)
- 유틸리티(전기·수도 등 인프라)

특히 인플레이션 환경에서는 에너지 기업이 강세를 보일 수 있으며, 투자자들은 경기 둔화를 대비해 방어적인 성격의 종목을 서서히 늘리기 시작한다.

4단계 - 침체 국면(contracts, 침체기)

경제 활동이 위축되고 마이너스 성장이 나타나는 단계다. 소비와 투자가 동시에 줄어들면서 시장 전반의 분위기가 크게 위축된다. 이 시기에는 소비가 줄어들더라도 꼭 필요한 지출은 유지되므로 해당 분야의 기업들이 상대적으로 안정적인 모습을 보인다. 대표적인 경기 방어 섹터는 다음과 같다.

- 필수소비재(식품 등)
- 헬스케어
- 유틸리티

이들 기업은 보통 큰 폭의 상승을 기대하기보다는 시장이 하락할 때 방어적인 역할을 하는 경우가 많다.

경기 사이클을 처음 접하면 많은 투자자가 다음과 같은 질문을 던진다. "이 사이클은 몇 년 주기로 반복되나요?", "각 국면은 보통 몇 개월 또는 몇 년 동안 지속되나요?", "지금 시장이 어느 단계인지 어떻게 판단할 수 있죠?"

하지만 현실의 경제와 시장은 이론처럼 정확하게 맞아떨어지지 않는다. 예를 들어 1단계에서 곧바로 4단계로 후퇴하기도 하고, 1단계 이후 2단계를 건너뛰고 3단계로 이동하기도 하며, 가장 이상적인 환경인 2단계가 5년에서 8년 이상 장기간 지속되기도 한다.

경기 사이클의 흐름은 다음과 같은 요소들의 균형에 크게 영향을 받는다.

- 경제 성장률
- 물가와 고용 상황
- 중앙은행의 금리 정책
- 정부의 재정 정책과 유동성 공급

사이클을 정확히 맞히는 데 신경 쓰기보다는, 현재 경제 환경이 어느 단계에 가까운지를 파악하고 어떤 산업이 상대적으로 유리한 환경인지를 생각하는 데 피델리티 비즈니스 사이클을 활용하는 것이 현실적인 접근이다.

나만의 종목 선정 체크리스트

현재 가격의 적절성

- 과거 5년간의 PBR·PER과 비교했을 때 현재 주가가 고평가 혹은 저평가인가?
- PEG(주가수익성장비율)는 PER을 기업의 이익 성장률로 나눈 값으로, 성장성을 고려한 밸류에이션 지표다. 일반적으로 1보다 낮으면 저평가, 1.5 이상이면 고평가로 해석하는 경우가 많다. 1 미만인가, 1.5 이상인가?
- 이익이 나지 않는 성장주인 경우 PSR(주가매출비율)이 다른 동종 업종 대비 너무 높은 것은 아닌가?
- 미래 현금흐름을 현재 가치로 할인할 경우 현재 주가보다 높은 내재가치를 가지는가?
- 시장의 목표주가는 어떠한가?

기업의 경제적 해자

- 경쟁사 대비 높은 이익률을 유지하고 있는가? (브랜드 파워)
- 고객이 경쟁사 제품으로 옮겨갈 때 큰 비용이나 불편함이 발생하는가? (충성 고객층이 있는가?)
- 사용자가 늘어날수록 서비스의 가치가 기하급수적으로 커지는 구조인가?
- 미래 먹거리를 위해 매출의 일부분을 기술 개발에 투자하는가?
- 부채비율이 낮고 유동비율이 150퍼센트 이상으로 기업 체력이 건강한가?

거시경제 환경

- 고금리 상황에서 이자 비용 부담이 큰 기업인가? 아니면 현금을 충분히 보유한 기업인가?
- 해외 매출 비중이 높아 환율 변화에 민감한 기업인가?
- 반독점법, 환경 규제 등 정부 정책이 기업 성장을 가로막을 가능성이 있는가?
- 원자재 가격 상승이나 지정학적 불안에 많이 노출되어 있는가?
- 현재 속한 섹터의 자금이 다른 섹터로 옮겨가고 있는가?

실적과 가이던스

- 최근 4분기 동안 실적 발표가 예상치를 상회했는가?
- 경영진이 최근 실적 발표에서 긍정적인 가이던스를 제공했는가?
- 최근 1개월 내 월가에서 목표 주가를 상향 조정했는가?
- 경영진이나 이사진이 최근 자기 주식을 매수했는가?
- 현재 공매도 비중이 급격하게 늘어나고 있지는 않은가?

주주 환원과 경영진

- 배당금을 매년 꾸준히 인상하고 있는가?
- 자사주 매입과 소각을 활발하게 하고 있는가?
- 경영진은 투자자들에게 한 약속을 제대로 이행하는가?
- 주주들의 돈을 얼마나 효율적으로 운영하는가? (ROE)

10장 │ 실적 발표로 시장을 읽는 법

한국과 마찬가지로, 미국 주식 투자에서도 1년 중 가장 중요한 이 벤트를 꼽으라면 단연 실적 발표 시즌earnings season이다. 이는 단순히 기업의 성과를 확인하는 자리를 넘어, 시장 전체의 방향성과 경제 흐름을 읽을 수 있는 핵심 시점이기 때문이다.

내가 투자한 기업의 실적을 확인하는 것은 기본이다. 하지만 그보다 더 중요한 것은 산업을 이끄는 핵심 기업들의 실적과 전망을 통해 시장이 앞으로 어떻게 움직일지를 가늠하는 것이다. 예를 들어 애플, 마이크로소프트, 엔비디아 같은 기업들의 실적은 단순한 개별 기업 이슈를 넘어 기술 산업 전체, 더 나아가 글로벌 경기 흐름까지 반영하는 신호로 해석되기도 한다.

이처럼 실적 발표 시즌은 기업의 현재 상태를 확인하고 시장의 기대와 실제 결과를 비교하며 앞으로의 경제 흐름까지 점검할 수

있는 투자 판단의 기준점 역할을 한다. 그렇다면 이러한 실적 발표
시즌이 실제 투자에 어떤 영향을 주는지, 그리고 투자자는 어떤 부
분을 중점적으로 봐야 하는지 하나씩 살펴보자.

실적 발표 뒤에 숨은 진짜 신호

1. 주가의 변곡점이 되는 순간

실적 발표일은 기업 주가에 있어 가장 큰 변곡점이 되는 날이다.
평소 시장은 기대와 추측으로 움직이지만, 실적 발표에서는 실제
'숫자'가 공개되면서 주가의 재평가repricing가 일어난다.

- 예상보다 좋은 실적 → 주가 급등
- 기대에 못 미치는 실적 → 주가 급락

특히 단기 투자자라면 다음 2가지를 반드시 알고 있어야 한다.

- 시장이 해당 기업에 어떤 기대를 선반영하고 있었는가?
- 실적 발표 일정은 언제인가?

이 2가지를 놓치면 같은 뉴스도 전혀 다르게 해석하게 되고, 불필

요한 매수와 매도로 이어질 수 있다. 실적 발표는 단순 이벤트가 아니라 투자에 대한 의사결정을 바꾸는 기준점이 되기 때문이다.

2. 컨센서스와 어닝콜의 중요성

실적 발표는 단순히 지난 실적만 공개하는 것이 아니다. 지난 분기 실적 결과부터 향후 실적 전망(컨센서스), 기업의 전략과 방향성까지 모든 것이 함께 발표된다. 특히 어닝콜earnings call에서는 회사의 최고 경영진들이 나와 경영 상황을 직접 설명한다.

- CEO → 산업 환경, 성장 전략, 비전
- CFO → 수익성, 비용 구조, 재무 상태

이때 시장은 단순 숫자뿐만 아니라 경영진의 발언, 표현 방식, 뉘앙스까지 분석한다. 예를 들어 "수요가 안정적이다"와 "수요가 강하게 증가하고 있다"는 모두 긍정적인 표현이지만, 그 표현의 미묘한 차이만으로도 주가는 크게 움직일 수 있다.

3. 실적 발표 주기로 보는 시장 흐름

미국 기업들은 일반적으로 연 4회, 분기별 실적을 발표한다.

- **1분기 실적**: 4~5월. 한 해의 출발점, 연간 목표와 가이던스 제시

- **2분기 실적**: 7~8월. 상반기 평가, 하반기 경기 방향 점검
- **3분기 실적**: 10~11월. 연간 실적의 윤곽 형성, 배당주 투자나 연말 소비지표에 집중
- **4분기 실적**: 다음 해 1~2월. 가장 중요! 연간 총결산 + 다음 해 사업 계획 및 대규모 가이던스 제시

또한 실적 발표는 시장 변동성을 줄이기 위해 보통 장 시작 전pre-market이나 장 마감 후after-market에 이루어진다.

4. 실적 발표 시즌의 투자 전략

실적 시즌이 되면 투자자는 다양한 시나리오를 고려해야 한다.

- **기대감이 높은 기업**: 이미 기대가 큰 상태에서는 조금만 실망해도 주가가 하락
- **기대감이 낮은 기업**: 관심이 적었던 기업이 어닝 서프라이즈 발표 시 강한 상승
- **구조적 변화가 나타나는 기업**: 적자 기업이 흑자 전환하거나 저성장 기업이 고성장 전환하는 변화는 단순한 이벤트가 아니라 중장기 상승 트렌드의 시작점

시장은 기대를 먹고 움직인다

실적 시즌에서 나타나는 주가 움직임은 흥미롭게도 기업이 발표한 '절대적인 숫자'보다 시장의 기대치sentiment와 실제 데이터hard data 간의 괴리에서 결정된다. 표면적으로는 "컨센서스를 상회했다"는 긍정적인 결과가 나왔음에도 주가가 반응하지 않거나 오히려 하락하는 이유도 여기에 있다. 시장은 단순히 컨센서스와의 비교가 아니라, 참여자들이 '내심 기대하고 있던 수준'과의 차이를 기준으로 반응하기 때문이다. 예를 들어 폭발적인 성장 흐름을 이어가며 실적을 100만큼 보여준 기업이 있다고 가정해보자. 타 기업 대비 너무 좋은 실적이었고 심지어 월가에서는 다음 실적을 130으로 예측했다. 이때 투자자들은 이렇게 생각할 수 있다. '130이라고? 월가는 보수적으로 볼 수 있지. 지금 성장률을 봐봐. 다음 실적은 140 가까이 되지 않을까?' 이렇게 투자자들의 기대치가 더 높아져 있을 때 실제 이 기업의 실적이 135로 나올 경우, 월가의 전망을 뛰어넘었음에도 불구하고 시장의 반응은 미지근할 수 있다. 이러한 경우 투자자가 점검해야 하는 핵심 질문이 있다.

- 현재 주가는 정당한 밸류에이션을 받고 있는가?
- 과거 성장 기대감으로 인해 멀티플이 과도하게 확장된 것은 아닌가?

- 현재 주가에 반영된 EPS 수준은 적절한가?
- 기업이 제시한 가이던스가 시장 기대를 충족했는가?

주가는 늘 선반영이 된다. 실적이 잘 나왔는데 주가가 하락한다면 이미 기대감이 선반영되었거나 향후 전망(가이던스)에 실망했을 가능성이 크다. 시장은 과거가 아니라 앞으로의 변화에 더 민감하게 반응한다.

시장의 적정 가치(밸류에이션)는 단순히 '이익 × 배수PER'로 끝나는 개념이 아니다. 이는 미래 가치를 현재로 할인하는 과정에서 형성되는 복합적인 결과다. 앞서 이야기한 인플레이션과 실질금리, 기업의 펀더멘털, 위험 프리미엄, 주주 환원 정책과 생산성 등 수많은 요인을 고려해봐야 한다. 이러한 변수들이 맞물리면서 시장은 특정 기업에 대해 '지금 얼마의 가치를 부여할 것인가'를 끊임없이 고민한다.

특히 기술 혁신이 등장하는 시기(메가트렌드)에는 매우 중요한 현상이 나타난다. 예를 들어 AI, 자율주행, 휴머노이드, 데이터센터, 비만 치료제와 같은 신산업이 등장하면 시장은 이익이 발생하기 전부터 미래 기대를 선반영한다. 이 과정에서 주가는 이익보다 먼저 상승하고 일정 시점 이후 이익 대비 주가가 과도하게 상승한 상태, 즉 고평가 구간에 진입한다. 이는 비정상적인 현상이 아니라 '미래를 가격에 반영하려는 시장의 자연스러운 과정'이다.

신산업과 기존 산업은 밸류에이션 방식 자체가 다르다. 신산업은 아직 시장 규모가 불확실해서 미래의 수익을 예측하는 데 어려움이 따른다. 예를 들어 인공지능, 전기차, 클라우드 같은 산업은 지금 당장의 이익보다 '앞으로 얼마나 크게 성장할 수 있는가'에 대한 기대가 가격에 더 크게 반영된다. 아직 확실한 수익이 나오지 않더라도, 시장이 그 가능성을 높이 평가하면 주가는 빠르게 상승할 수 있다. 이처럼 기대감 중심으로 가격이 형성되고, 그에 따라 과도한 프리미엄이 발생할 가능성이 크다.

레거시 산업은, 예를 들어 도요타, 현대 같은 기업들이 속한 자동차 산업은 이미 오랜 시간 시장과 소통하며 명확한 기준점(밸류에이션 밴드)이 형성되어 있다. 새로운 기업이 등장하더라도 기존 기업들과 비교해서 더 수월하게 평가할 수 있다. 즉, 신산업은 기대를 기반으로, 기존 산업은 비교를 기반으로 한다는 분명한 차이가 존재한다.

마지막 단계는 '이익 증명'이다. 새로운 산업이 어느 정도 성장하면, 결국 '이 기업이 실제로 돈을 벌 수 있는가'를 확인하는 시점이 온다. 이때는 기대감이 아니라 실제 수익 창출 능력이 기준이 된다. 이 과정에서 이익을 만들어내지 못하는 기업은 주가가 크게 하락하고, 반대로 시장 점유율을 확보하고 꾸준히 돈을 버는 기업은 오랫동안 승자로 남는다. 과거 닷컴 버블처럼 기술에 대한 기대가 극단적으로 커진 뒤에는 결국 시장이 '누가 진짜 돈을 버는가'라는 질문으로 돌아오기 때문이다.

　실적 시즌에서 중요한 점은 단순히 숫자를 확인하는 것이 아니다. 시장의 기대가 어디까지 올라와 있는지, 그 기대 대비 결과가 어떤 의미를 가지는지 그리고 그 기대가 실제 이익으로 이어질 수 있는지, 이 3가지를 동시에 읽어내는 것이 실적 시즌을 활용하는 핵심 역량이다.

11장 │ 하루 30분 루틴으로 시장을 꿰뚫다

지금까지 다양한 뉴스 출처를 다뤘다. 지금 단계에서 중요한 것은 단순히 뉴스를 많이 보는 것이 아니라, 정보를 '구조화'해서 나만의 판단 체계로 만드는 것이다.

레거시 매체, 뉴미디어, 증권사 리포트, 애널리스트 의견, 그리고 시장에서 영향력 있는 인물들까지 이 모든 정보는 각각 조각난 상태로 존재한다. 이를 그대로 소비하면 오히려 판단이 흐려질 수 있다. 그래서 핵심은 '나만의 타임라인'으로 재구성하는 능력이다.

각자의 투자 스타일이 다르듯 정리하고자 하는 뉴스에도 차이가 있을 수 있다. 나는 수년간 방송을 통해 거의 매일 미국 시장을 정리해왔다. 이 과정에서 놓치지 않고 전달하려는 2개의 핵심 질문이 있다.

- 오늘 시장을 움직인 요인은 무엇인가?
- 그래서 우리는 앞으로 어떻게 대응해야 하는가?

첫 번째 질문은 겉으로 보면 너무나 단순하고 당연하게 들린다. 그러나 막상 하루의 시장을 정리하려고 하면, 이 질문이 얼마나 까다로운지 금세 알 수 있다. 예를 들어 S&P500이나 나스닥 지수가 크게 상승하면 시장에서는 "랠리가 이어지고 있다", "AI 낙관론이 여전히 유효하다"는 식의 해석이 쏟아진다. 하지만 시장을 들여다보면 전혀 다른 그림이 펼쳐지는 경우가 많다. 비중이 큰 빅테크 기업 몇 개가 지수를 끌어올렸을 뿐, 실제로는 다수의 종목이 힘을 쓰지 못하는 상황이 벌어지기도 하기 때문이다.

반대로 각종 경기지표를 근거로 우려의 목소리가 커지는 국면에서도 시장이 예상보다 훨씬 견고하게 버티는 경우가 있다. 이처럼 표면에 드러난 해석과 실제 시장의 움직임 사이에는 종종 괴리가 발생한다. 중요한 것은 단순한 헤드라인이 아니라, 지금 이 시장을 실질적으로 움직이는 중심이 무엇인지 끝까지 파고드는 것이다.

두 번째 질문은 한층 더 어렵다. 어쩌면 전문가의 영역이라고 느껴질 수도 있다. 나 역시 다양한 애널리스트의 의견과 리포트를 참고하며 나만의 '시장 루트'를 만들어간다. 중요한 것은 전망이 맞느냐 틀리느냐가 아니다. 설령 판단이 빗나가더라도 그 상황에서 어떻게 대응할 것인지가 더 중요하다. 결국 핵심은 수익을 극대화하는 것이 아니라, 손실을 어떻게 통제하고 줄여나갈 것인지에 대한 기준을 세우는 데 있다.

시장이 좋을 때 수익을 내는 것은 그리 어려운 일이 아니다. 유동성이 받쳐주는 환경에서는 누구나 일정 수준의 성과를 낼 수 있다. 그러나 진짜 실력은 시장이 흔들리는 순간에 드러난다. 위기 상황에서 얼마나 침착하게 대응하고, 손실을 관리하며, 다음 기회를 준비할 수 있는지가 결국 투자자의 수준을 결정한다. 월가에서 오랜 시간 살아남은 투자자들이 '전설'로 불리는 이유 역시, 바로 이 위기 대응 국면에서 남다른 판단과 실행력을 보여주었기 때문이다.

뉴스를 읽다 보면 투자 실력이 달라진다

많은 투자자가 뉴스를 꾸준히 챙겨 보지만 정작 그것을 어떻게 정리하고 활용해야 하는지까지 깊이 고민하는 경우는 많지 않다. 그래서 남의 해석에 의존하거나, 단편적인 정보에 휘둘리는 일이 반복되기도 한다. 이 때문에 나만의 뉴스 정리를 왜 군이 단계별로 직접 해야 하는지 이해하는 것이 먼저다. 뉴스 정리의 본질은 단순한 정보 수집이 아니라 시장 흐름을 읽어내는 과정에 있다. 그렇기 때문에 단기간에 끝낼 수 있는 작업이 아니라, 일정 기간 이상 꾸준히 반복해야 비로소 의미가 있다.

1. 금리, 유가, 달러, 경제지표(물가, 고용, 생산, 소비, 경기 성장률) 정리하기

나는 항상 이 파트를 가장 앞에 배치한다. 일종의 '습관'처럼 먼저 정리하는 영역이다. 이 지표들은 거시경제 관점에서 지금 시장이 어떤 상황에 놓여 있는지를 단편적으로 보여준다. 시장이 무엇을 우려하고 있는지, 혹은 무엇을 기대하고 있는지를 가장 직접적으로 드러내는 신호이기도 하다.

내가 투자한 기업들도 결국 하나의 환경 속에서 움직인다. 아무리 좋은 기업이라도 '놀이터' 자체가 불안정하면 제대로 움직이기 어렵다. 그런 의미에서 금리, 유가, 달러 그리고 주요 경제지표들은 그 놀이터의 상태를 보여주는 핵심 변수다.

처음에는 각 지표의 흐름이 잘 이해되지 않을 수 있다. 하지만 그 과정 자체가 학습이다. 시장은 언제나 우리의 예상을 벗어나 움직이기 마련이고, 우리는 그 흐름을 읽기 위해 끊임없이 전체 판을 보려고 노력해야 한다. 거시경제의 메커니즘이 조금씩 익숙해지는 순간, 시장의 '온도'를 한 번에 감지할 수 있게 된다.

2. 지수(히트맵) 활용하기

현재 시장 상황을 가장 직관적으로 보여주는 것은 결국 지수다. 미국 시장에서는 S&P500의 방향성이 가장 중요한 기준이 된다. 이는 미국을 대표하는 상위 500개 기업의 흐름을 반영하기 때문이다.

또 하나 빼놓을 수 없는 지수가 나스닥이다. 나스닥은 초기에는 다양한 목적을 가지고 출범했지만, 점차 벤처기업과 기술 기업의 자금 조달을 지원하는 역할이 중심이 되었다. 그 결과 자연스럽게 기술주 비중이 높아졌고, 닷컴 버블을 거치면서 '기술주 중심 지수'라는 정체성이 더욱 뚜렷해졌다. 여기에 히트맵을 함께 활용하면 시장을 훨씬 더 입체적으로 바라볼 수 있다.

- 빅테크 vs 나머지 기업
- 성장주 vs 가치주
- 대형주 vs 소형주
- 섹터 간 순환 흐름
- 특정 이슈에 반응하는 개별 종목

히트맵에는 이 모든 흐름이 하나의 화면에 압축되어 나타난다. 예를 들어 연준의 금리 결정이나 정책 변화, 혹은 특정 기업의 호재와 악재가 실제로 시장에 어떤 영향을 미쳤는지, 그리고 투자자들의 심리가 어떻게 반응했는지를 그대로 확인할 수 있다. 중요한 것은 흐름을 단편적으로 보지 않고, 지속적으로 따라가는 것이다.

3. 기업 뉴스 꼭 챙기기

하루에도 쏟아지는 기업 뉴스의 양은 개인 투자자가 모두 소화하기 어려울 정도다. 특히 본업이 있는 투자자라면 더더욱 그렇다. 그런데도 기업 뉴스를 챙겨봐야 하는 이유는 분명하다.

첫째, 주가의 방향성을 점검할 수 있다. 호재와 악재에 대해 시장이 어떻게 반응하는지를 보면, 단순한 뉴스 이상의 의미를 읽을 수 있다.

둘째, 기업의 내재가치, 즉 펀더멘털의 변화를 확인할 수 있다. 경영 상황, 재무 구조, 수익성 변화는 결국 장기적인 주가 흐름을 결정짓는 요소다.

셋째, 리스크 관리다. 횡령, 배임, 분식회계와 같은 이슈는 기업의 가치를 한순간에 훼손시킬 수 있다. 이러한 위험 요소를 얼마나 빨리 감지하느냐가 투자 성과를 좌우하기도 한다.

넷째, 시장의 평가와 투자자 심리를 읽을 수 있다. 월가의 투자 의견이나 시장 반응을 통해 현재 시장에 어떤 기대와 우려가 있는지 파악할 수 있다.

다섯째, 산업의 흐름과 경쟁 구도를 이해할 수 있다. 새로운 기술, 정책 변화, 혁신은 시장의 판도를 바꾸고, 그에 따라 경쟁사들의 전략도 달라진다.

중요한 것은 뉴스를 단순히 소비하는 것이 아니라, 그 뉴스가 미래의 이익과 주가에 어떤 영향을 줄 것인지 합리적인 관점에서 해석하는 것이다. 특히 기업의 펀더멘털을 훼손할 수 있는 요소에 대해서는 항상 냉정하게 접근해야 한다.

4. 매크로 데이터를 꾸준히 해석하기

시장 데이터를 직접 모으고 정리하는 과정은 초보자에게 결코 쉬운 일이 아니다. '이걸 꼭 해야 하나'라는 생각이 들 수도 있고, 수많은 숫자를 해석하는 과정 자체가 부담스럽게 느껴질 수도 있다.

하지만 지금은 환경이 달라졌다. 기술의 발전 덕분에 그 장벽은 상당 부분 낮아졌다. 예를 들어 관심 있는 데이터나 지표를 발견했다면, 간단히 캡처한 뒤 챗GPT나 구글 제미나이 같은 도구에 올려 해석을 요청하는 것만으로도 충분한 인사이트를 얻을 수 있다.

모든 것을 완벽하게 이해하려는 부담을 갖지 말고 데이터를 꾸준히 접하고 해석하는 경험을 쌓자. 그 과정이 반복되면 어느 순간 숫자들이 단순한 정보가 아니라 시장 흐름을 읽는 언어로 바뀐다.

하루 30분, 시장을 읽는 4단계

미국 주식 투자자라면 아침에 일어나 시장을 점검하는 습관은 선택이 아니라 기본에 가깝다. 최근에는 다양한 매체들이 미국과 한국 증시에 대해 수준 높은 분석을 제공한다. 이러한 콘텐츠를 활용하는 것은 분명 효율적인 방법이다. 다만 스스로 시장을 해석하는 기준이 없다면, 결국 타인의 판단을 그대로 받아들이는 데 그칠 수밖에 없다.

전문가의 의견은 참고할 가치가 충분하다. 그러나 내가 투자한 자산을 지키기 위해서는 시장을 직접 읽어내는 훈련이 선행되어야 한다. 일정 기간 스스로 분석하는 과정을 거친 뒤 전문가의 의견을 접하면, 단순한 수용이 아니라 비교하고 검증하는 관점으로 받아들이게 된다. 시장에 대한 이해 역시 한층 더 깊어진다. 이제 하루 30분을 활용해 뉴스를 정리하는 방법을 단계별로 살펴보자.

1단계: 오늘 시장을 움직인 키워드 파악(5분)

가장 먼저 해야 할 일은 헤드라인 중심으로 시장의 핵심 이슈를 빠르게 스캔하는 것이다. CNBC, 블룸버그, 〈월스트리트저널〉, 로이터와 같은 주요 매체들을 훑어보며 반복적으로 등장하는 키워드를 확인한다. 미국 뉴스는 서두에 핵심 내용을 배치하는 구조가 많아서 앞부분만 읽어도 충분히 흐름을 파악할 수 있다.

여러 매체의 헤드라인을 한 번에 확인하고 싶다면 '비즈톡'을 활용하는 것도 좋은 방법이다. 동일한 이슈가 다양한 매체에서 반복된다면, 그날 시장을 움직인 핵심 키워드일 가능성이 크다.

이후 '핀비즈'에서 주요 지수와 히트맵을 확인한다. 히트맵은 단순한 상승·하락 표시를 넘어 자금의 이동 방향을 보여준다. 어떤 특정 섹터로 자금이 집중되고 있는지, 혹은 개별 종목이 특이한 움직임을 보이는지 점검한다. 눈에 띄는 종목이 있다면 기업 뉴스와 차트를 간단히 확인하는 정도로 1단계를 마무리한다.

2단계: 핵심 이슈 심층 분석(10분)

1단계에서 선별한 핵심 뉴스 2~3개를 골라 정독한다. 이때 기사에 등장하는 수치들, 예를 들어 실적, 가이던스, 경제지표, 부채 규모 같은 것은 반드시 기록해두는 것이 좋다. 뉴스 정리의 목적은 단순한 정보 습득이 아니라, 시장 흐름을 읽는 것이다. 숫자들이 어떤 방식으로 시장의 스토리를 만들어내는지 연결해야 한다. 이를 위해 다음과 같은 질문을 스스로 던져보자.

- 이 이슈가 기업의 펀더멘털에 실제로 영향을 주는가?
- 거시경제 흐름을 바꿀 수 있는 변수인가?
- 시장의 반응이 과도한 심리적 노이즈는 아닌가?

초보 투자자일수록 뉴스의 양을 늘리는 데 신경 쓰는 경향이 있다. 하지만 여러 개를 얇게 읽는 것보다, 핵심이 되는 한두 개를 깊이 이해하는 편이 훨씬 효과적이다. 필요하다면 챗GPT와 같은 생성형 AI를 활용해 추가 질문을 던지고 내용을 구조화하는 것도 좋은 방법이다.

3단계: 시장 심리 파악(10분)

이 단계가 사실상 가장 중요하다. 앞선 단계가 객관적인 사실을 확인하는 과정이었다면, 이 단계는 그 의미를 읽어내는 해석의 영역이기 때문이다. 결국 시장은 사람들의 기대와 심리로 움직인다.

같은 뉴스라도 시장이 무시할 때가 있고, 반대로 사소한 이슈가 전체 섹터를 흔들 때도 있다. 그러니 해당 이슈를 기관과 개인 투자자들이 어떻게 받아들이는지 확인해야 한다. 이를 위해 X를 활용해 주요 애널리스트와 신뢰도 높은 경제 인플루언서들의 반응을 점검한다. 여러 계정이 공통적으로 강조하는 포인트가 무엇인지 살펴보는 것이 중요하다. 실적 발표 시즌이라면 특정 기업을 검색해 관련 뉴스와 반응을 함께 확인하는 것도 도움이 된다. 이 과정을 통해 시장 여론과 심리의 방향을 빠르게 읽어낼 수 있다.

4단계: 요약 및 관점 정리(5분)

마지막 단계에서는 전체 내용을 간결하게 정리한다. 주요 경제지표 발표 일정이나 FOMC 회의 일정 등을 함께 점검한 뒤, 그날의 시장을 한두 줄로 압축한다. 예를 들어 다음과 같은 형태다.

- 연준 위원 발언으로 금리 동결 기대 강화. 기술주 약세, 방어주 강세.
- 엔비디아 호실적에도 주가 하락. AI 기대는 높지만 자본 지출 부담 반영.

처음에는 시장을 움직인 요인을 중심으로 정리하면 충분하다. 이후에는 점차 범위를 넓혀 실적, 정책, 금리, 경제지표, 환율 등 다양한 요소를 연결하는 연습이 필요하다. 이 과정을 반복하다 보면 자연스럽게 자신만의 기준과 카테고리가 만들어진다. 달러, 금리, 경제지표, 정책, 주요 기업 실적 등으로 나누어 흐름을 추적하면, 시장이 단편적인 정보가 아니라 입체적인 구조로 보이기 시작한다.

매일 30분씩 이 과정을 반복하면 단순한 뉴스 소비가 점차 시장을 해석하는 능력으로 전환된다. 타인의 시각을 참고하는 것은 필요하지만, 최종 판단은 결국 스스로 내려야 한다. 시장은 정보를 많이 아는 사람보다, 그 정보를 구조화하고 해석할 수 있는 사람에게 더 많은 기회를 제공한다.

시장을 읽는 사람들의 뉴스 정리법

조금 더 구체적인 뉴스 정리 방법을 살펴보자. 이제 막 투자를 시작한 초보자와 어느 정도 투자 경험은 있지만, 체계적으로 뉴스를 정리해본 적 없는 중급 투자자는 접근 방식이 다를 수 있다. 여기서는 실제로 활용할 수 있는 사이트와 함께 뉴스 정리 방법을 단계별로 정리한다. 내가 개인적으로 자주 활용했던 팁랭크TipRanks, 마켓비트MarketBeat, 마켓스크리너MarketScreener, 심플리월스트리트Simply Wall St, 씨킹알파Seeking Alpha 등의 사이트는 일정 횟수 이상 이용하면 유료 구독을 요구하는 경우가 많다. 물론 유용한 서비스이지만, 무료로 제공되는 자료만으로도 뉴스를 정리하는 데는 충분하다. 따라서 여기서는 가능한 한 비용을 들이지 않고 활용할 수 있는 방법 위주로 설명한다.

초보 투자자를 위한 뉴스 정리

대부분의 초보 투자자에게 '주식에 처음 관심을 갖게 된 계기'를 물어보면 비슷한 답이 돌아온다. 급등한 종목 이야기를 들었거나, 매체를 통해 특정 기업을 알게 되었거나, 혹은 단순한 호기심에서 시작한 경우다. 이렇게 시장에 처음 들어오면 자연스럽게 관심은 테마주나 잘나가는 기업, 기대감이 높은 종목에 쏠리기 마련이다.

물론 투자에는 정답이 없다. 다만 이제 막 시장에 들어온 단계라면, '내가 사고 싶은 기업의 뉴스만 보는 것'보다 '시장의 전체 맥락을 이해하는 것'에 더 집중할 필요가 있다.

시장 흐름을 읽는 방법은 여러 가지가 있지만, 처음에는 '30분 뉴스 정리 방법'부터 꾸준히 익히는 것이 중요하다. 또한 뉴스를 그냥 많이 보는 것보다, 분야별로 나누어 정리하면서 이해하는 연습이 필요하다. 이렇게 하면 복잡해 보이던 시장 흐름도 훨씬 쉽게 파악할 수 있다.

1. 시장의 흐름을 파악한다

초보 투자자에게 가장 중요한 훈련은 시장 전체의 흐름을 읽는 시야를 확보하는 것이다. 이를 위해 내가 추천하는 도구는 앞서 소개한 핀비즈(Finviz.com)다. 이 사이트를 꾸준히 방문하면서 다양한 기능을 익히면 도움이 된다(70쪽, 168쪽 참고). 초기에는 투자 판단을 하기보다 현재 시장 분위기가 어디에 집중되어 있는지 확인하는 것만으로도 충분하다. 시장 흐름은 단순히 상승·하락만으로 설명되지 않는다.

- 경기 성장 기대감으로 인한 상승·하락
- 경기 둔화에 대비한 방어적 흐름으로 인한 상승·하락
- 특정 기술 혁신으로 인한 상승·하락

이러한 흐름의 성격을 구분하는 훈련이 중요하다. 또한 매일 시장의 온도 변화를 기록해두는 것도 도움이 된다. 시장에서 유독 주목받는 종목이 있다면 따로 메모해둔다. 특히 빅테크 기업의 움직임은 개별 기업을 넘어 산업 전체에 영향을 주는 경우가 많다.

핀비즈 핵심 활용법: 지수 흐름 확인, 히트맵을 통한 섹터 변화 파악, 시장에서 주목받는 기업 움직임 확인, 관련 뉴스 링크 확인.

2. 기업 움직임과 실적 시즌

미국 시장에서 가장 중요한 이벤트를 꼽는다면 분기별 실적 시즌이다. 실적 발표는 기업의 현재 상태와 미래 전망을 동시에 드러내기 때문이다. 이를 확인하기 위한 대표적인 채널은 다음과 같다.

- 인베스팅(Investing.com)
- X
- CNBC의 마켓인사이더(Market Insider)

인베스팅에서는 상단의 '도구 모음 → 실적 발표 캘린더'를 통해 기업들의 일정과 결과를 한눈에 확인할 수 있다. 필터 기능을 이용하면 국가와 날짜를 선택할 수 있으며, 붉은색 숫자는 예상치 상회를, 파란색 숫자는 예상치 하회를 의미한다.

특정 기업의 실적 발표 이후 시장 반응이 궁금하다면 X에서 검색하면 된다. 예를 들어 티커(예: $GOOGL)나 'earnings' 키워드로 검색하면 관련 글이 한꺼번에 나타난다. 이 과정에서 경제 인플루언서, 애널리스트, 투자자들의 다양한 의견을 확인할 수 있다. X의 장점은 숫자뿐 아니라 그래프, 데이터 이미지, 분석 자료까지 빠르게 확인할 수 있다는 점이다. 또한 CNBC의 마켓인사이더는 그날 시장에서 가장 주목받은 기업들을 장전, 장중, 장후로 나누어 정리해준다. 초보 투자자도 부담 없이 시장을 정리하는 데 효과적이다.

인베스팅 핵심 활용법: 실적 캘린더 확인, 시장 데이터 점검.

X 핵심 활용법: 기업별 실시간 반응 및 분석 확인.

CNBC 마켓인사이더 핵심 활용법: 당일 핵심 종목 파악.

3. 미국 정책 뉴스 확인

정책 역시 시장을 움직이는 중요한 변수다. 특히 최근에는 정책 정보의 전달 방식이 과거와 달라졌다. 예전에는 공식 홈페이지를 통해 발표되는 경우가 많았지만, 이제는 정치 지도자의 SNS를 통해 먼저 공개되는 때도 있다. 예를 들어 트럼프 대통령의 경우, 정책 메시지를 자신의 SNS 플랫폼인 트루스소셜이나 X를 통해 먼저 전달하는 경우가 있다. 정책은 크게 다음과 같은 범주로 나눌 수 있다.

- **통화 정책**(federalreserve.gov): 연준의 금리 방향
- **재정 정책**(treasury.gov): 국채 발행 계획, 세금 정책 브리핑
- **무역 정책**(ustr.gov): 'Countries & Regions' 섹션에서 특정 국가(중국 등)에 대한 관세 부과 현황과 무역 협정 내용 확인
- **규제 정책**(federalregister.gov): 모든 행정명령과 규제 제정안이 매일 업데이트

물론 이러한 공식 사이트를 매일 확인하는 것은 현실적으로 쉽지 않다. 정책 발표의 양도 많고 업데이트 속도도 빨라서 모든 내용을

직접 따라가려 하면 오히려 핵심을 놓칠 수 있다. 정책 흐름을 빠르게 파악하려면 정책 이슈를 정리해주는 매체를 함께 활용하는 것이 효율적이다. 대표적으로 악시오스Axios와 비즈톡을 활용하면 정책 흐름을 비교적 빠르게 파악할 수 있다. 특히 비즈톡은 수십 개 매체의 헤드라인을 한 화면에 모아 보여주기 때문에 시장 전반이 어떤 정책 이슈에 집중하고 있는지 빠르게 파악할 수 있다. 개별 뉴스를 하나씩 확인하지 않아도 전체 흐름을 한눈에 읽을 수 있어 시간 효율성 측면에서 큰 장점이 있다.

여러 매체가 동시에 특정 정책을 반복적으로 다루고 있다면, 그 뉴스는 시장에 큰 영향을 줄 수 있다. 이처럼 먼저 뉴스의 빈도와 흐름을 통해 핵심 이슈를 파악한 뒤, 필요하다면 공식 홈페이지에서 세부 내용을 확인하는 방식으로 접근하면 훨씬 효율적으로 정책 흐름을 정리할 수 있다.

비즈톡 핵심 활용법: 다양한 매체 헤드라인을 한 화면에서 확인, 반복되는 정책 이슈로 시장 관심사 파악, 핵심 정책 선별 후 추가 자료로 확장.

중급자를 위한 뉴스 정리

앞서 설명한 초보 투자자를 위한 뉴스 정리 과정이 자연스럽게 몸에 배었다면, 이제는 한 단계 더 나아가야 한다. 시장을 깊이 이해하기 위해 정보를 보다 세분화하고, 경제 데이터를 함께 기록하는 습관이 필요하다.

초보자 단계가 '무슨 일이 일어났는가'를 확인하는 과정이었다면, 중급자 단계는 '그 사건이 자산 가격에 어떻게 반영되었는가'를 해석하는 단계다. 단순한 사실 확인을 넘어, 뉴스가 실제 가격에 어떤 방식으로 녹아들었는지를 읽어내는 것이 핵심이다.

일반적으로 시장이 상승하는 국면에서는 기업의 성장 스토리나 실적과 같은 '기업 요인'이 주도한다. 반대로 시장이 하락하는 국면에서는 금리, 물가, 고용과 같은 '거시 변수'의 영향력이 훨씬 커진다. 리스크를 관리하기 위해서는 매크로 환경에 대한 이해가 필수적이다.

따라서 매크로 지표를 단순히 확인하는 수준에서 그치지 말고, 경제 흐름의 변곡점이 어디에서 나타나는지를 지속적으로 점검해야 한다. 예를 들어 물가지표CPI, PCE, 고용지표(실업률, 비농업 고용지수, 실업수당 청구 건수), 그리고 연방공개시장위원회FOMC의 금리 결정 등을 통해 예상치와 실제 발표치의 차이를 확인하고, 그 차이에 대해 시장이 어떻게 반응하는지를 읽어낸다.

1. 매크로 지표 확인하기

fred.stlouisfed.org: 세인트루이스 연방준비은행이 운영하는 세계 최대 규모의 경제 통계 데이터베이스다. 방대한 매크로 데이터를 확인할 수 있으며, 특히 과거부터 현재까지 이어지는 장기적인 경제 흐름을 분석하는 데 매우 유용하다. 현재 경제 상황을 객관적으로 판단할 수 있을 뿐 아니라, 사이트 상단의 블로그에서는 미국 경제의 다양한 주제를 심층적으로 분석한 자료도 제공한다. 매크로 흐름을 이해하려는 투자자라면 반드시 활용해야 할 사이트다.

isabelnet.com/blog: 이 사이트는 미국 매크로 시장의 상황을 다양한 데이터와 함께 정리해준다. 시장에서 가장 관심이 집중되는 자산군이나 밸류에이션 흐름 등을 꾸준히 업데이트하며, 골드만삭스, 모건스탠리, 도이체방크, 팩트셋FactSet 등의 리서치 자료도 함께 제공한다. 매일 방문하여 시장의 핵심 데이터를 확인하는 습관을 들이면 매크로 환경을 이해하는 데 큰 도움이 된다.

edwardjones.com: 'Market News and Insights' 메뉴를 통해 시장 분석 자료를 제공한다. 'Daily Market Snapshot'을 클릭하면 하루 단위로 정리된 시장 상황을 볼 수 있다. 'Weekly Market Wrap'에서는 주간 단위로 시장 흐름을 정리해준다. 매크로 지표와 주식, 채권 흐름을 함께 보여주기 때문에 시장의 큰 그림을 빠르게 파악하는 데 유용하다.

2. 기업 밸류에이션과 섹터 로테이션 확인

factset.com: 글로벌 금융 데이터 및 분석 소프트웨어 기업으로, 기관 투자자와 펀드매니저, 투자은행 등이 사용하는 전문 금융 데이터 서비스를 제공한다. 구독료가 매우 높은 전문가용 플랫폼이지만, 개인 투자자들도 무료로 일부 심층 리포트를 확인할 수 있다.

팩트셋 사이트에서 Insights → Key Topics 메뉴로 들어가면 기업 분석, 시장 밸류에이션, 섹터 분석 등 다양한 자료를 확인할 수 있다. 특히 Earnings 카테고리는 기업 실적과 섹터별 성장률을 분석하는 데 유용하다.

팩트셋 핵심 활용법: 'Earnings' 카테고리의 포스팅을 꾸준히 확인하면 현재 시장이 과열인지 혹은 정상 범위인지에 대한 기준이 명확해질 것이다. 동시에 향후 주도 섹터를 선별하는 데에도 도움이 된다.

① 매주 토요일에 발행되는 'Earnings' 카테고리의 포스팅을 확인하며 시장 전체의 EPS(주당순이익) 추이를 파악한다.

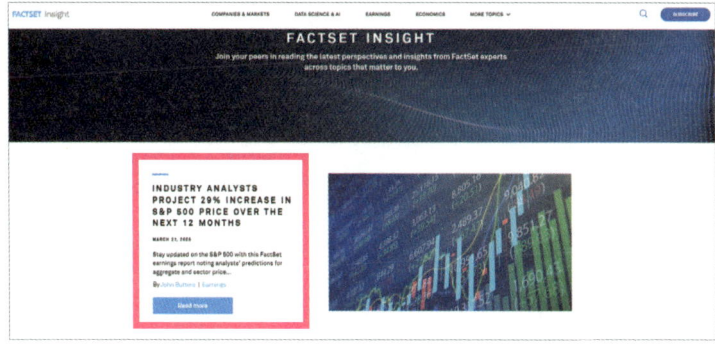

② 요약본 하단의 'Download Earnings Insight'에서 'Download'
를 클릭한다.

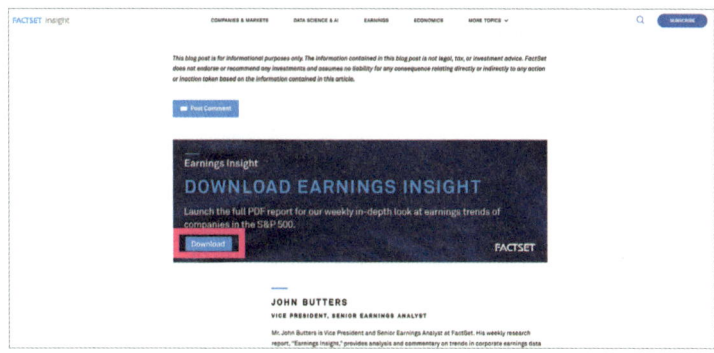

③ 전체 PDF 보고서 파일을 보면서 아래 내용을 체크한다.

• 현재 12개월 포워드 PER과 과거 10년 평균을 비교하며 현재
시장이 '버블'인지 판단하는 기준을 세워본다.

• 이익이 하향 조정되는 섹터와 상향 조정되는 섹터를 구분하여
향후 집중할 주도 섹터를 선별한다.

3. 투자 인사이트 확장

seekingalpha.com: 이곳은 단순한 뉴스 플랫폼이 아니다. 전 세계 투자자와 애널리스트들이 자신의 분석을 공유하고 토론하는 집단지성 기반의 리서치 플랫폼이다. 이곳의 핵심은 '다양한 관점'이다. 하나의 종목에 대해 매수 의견뿐 아니라 매도 의견까지 동시에 확인할 수 있다. 이는 투자 판단에서 매우 중요한 요소다. 특정 종목을 분석할 때는 다음과 같은 방식으로 활용할 수 있다.

- 매수 의견과 매도 의견을 함께 비교
- 내가 놓친 리스크 요인 점검
- 저자의 과거 리포트 성과 확인 후 선별적으로 팔로우

또한 기업 실적 발표 이후 진행되는 경영진과 애널리스트 간의 질의응답(콘퍼런스 콜) 전문도 제공한다. 이를 통해 기업이 제시하는 가이던스의 방향과 시장의 핵심 질문이 무엇인지 파악할 수 있다. 이외에도 등급 변화 추이, 퀀트 기반 평가, 동종 기업 비교를 통한 밸류에이션 분석 등 다양한 기능을 활용할 수 있다.

초보자와 달리 중급자 단계에서 가장 중요한 변화는 정보를 '해석'하는 방식이 달라진다는 점이다. 같은 뉴스를 보더라도 초보자는 '무슨 일이 있었는가'에 집중하고, 중급자는 '그래서 가격이 왜 이렇게 움직였는가'를 살펴본다. 이 차이가 쌓이면, 시장은 더 이상 막

연하고 예측하기 어려운 대상이 아니라, 흐름과 반응을 이해할 수 있는 구조로 보이기 시작한다.

시장을 이해하는 투자로 나아가는 것이다. 결국 투자의 성과는 더 많은 정보를 아는 데서 나오지 않는다. 그것을 어떻게 해석하고 연결하느냐에 따라 승패가 결정된다.

투자에 바로 써먹는 뉴스 활용법

수많은 사이트와 간단해 보이지만 쉽지 않은 정리법에 벌써 머릿속이 멍할 수도 있다. 하지만 전혀 걱정할 필요 없다. 뉴스를 보고 정리하는 것은 훈련의 영역이며 이는 시간이 지날수록 익숙해지기 마련이다. 중요한 것은, 쏟아지는 정보의 홍수 속에서 뉴스를 가장 효율적으로 접할 수 있는 '지도'를 비로소 손에 쥐었다는 점이다.

모든 뉴스가 중요한 것은 아니다. 정보는 끊임없이 쏟아지지만 펀더멘털에 근거한 정보, 즉 현금흐름, 이익 성장, 리스크 같은 핵심 요인에 집중하고 그 외의 노이즈는 과감히 걸러내야 한다. 기업의 '가격'은 수요와 공급, 시장 분위기, 모멘텀에 따라 자극적으로 흔들릴 수 있다. 하지만 '가치'는 결국 현금흐름과 성장성에서 나온다. 우리가 좇아야 할 것은 가격이 아니라 가치다. 그리고 그 가치를 기준으로 뉴스를 선별하고 정리해야 한다.

우리가 가장 많이 하는 실수는 뉴스를 소비만 하고 축적하지 않는 것이다. 소비는 금세 사라지지만, 축적은 내가 투자하는 산업과 시장에 대한 스토리라인을 만들어가는 과정이다. 결국 중요한 것은 기록이다. 어떤 방식이든 상관없다. 나만의 방식으로 정리하고 쌓아가는 것, 그것이 투자 실력을 만들어낸다.

이 책의 방법을 그대로 따를 필요는 없다. 중요한 것은 각 정보에 쉽게 접근할 수 있고, 필요한 내용을 빠르게 파악할 수 있도록 만드는 것이다.

현상(어떤 핵심 뉴스?) - 연결(시장에 어떤 영향?) - 대응(나는 무엇을 해야 하는가?)

시장에서 살아남는 핵심은 단 하나다. 노이즈에 흔들리지 않는, 끝까지 버텨내는 단단한 마음이다. 시장은 24시간 돌아간다. 정보도 빛의 속도로 쏟아진다. 초보자일수록 지금의 시장에서 나만 뒤처져 있다고 느끼기 쉽다. 하락장 뒤에는 상승장이 찾아오고, 우리는 저가에 투자하지 않은 자신을 아쉬워하곤 한다. 하지만 시장은 한 번의 기회로 끝나지 않는다. 기다리면 또 다른 기회가 오고, 설령 그것마저 놓쳤다 해도 기회는 다시 찾아온다. 투자는 눈앞의 결승선을 향해 달리는 일이 아니다. 시장의 흐름과 함께하며, 평생에 걸쳐 이어가는 경제 활동이다. 지금의 10퍼센트 하락이 누군가에게는 공포지만, 다른 누군가에게는 오히려 기회로 보이는 이유가 여기에 있다.

이 책은 투자의 정답을 알려주는 해설지가 아니다. 투자에 성공하기 위해 뉴스를 어떻게 활용하는지 그 방법을 나누는 책이다. 꾸준히 뉴스를 읽으면서 해석하다 보면 어제와 다른 나를 경험하게 될 것이다. 정보를 선별하는 안목이 생기고, 그것을 정리할 도구가 갖춰지며, 무엇보다 투자에 대한 나만의 확고한 철학이 자리 잡는 순간이 찾아온다.

투자는 언제나 어렵고, 때로는 가슴 떨리는 의사결정이다. 그럼에도 불구하고 현대인에게 투자는 더 이상 미룰 수 없는 선택이기도 하다. 아직도 투자를 해야 할지 고민하고 있다면, 지금이 바로 시작할 때다. 인생을 단번에 바꿀 투자를 기다리기보다, 지금보다 조금 더 나은 미래를 생각하며 긴 호흡으로 꾸준히 이어가는 것이 중요하다. 인생에서 대박은 없다. 설령 있더라도 내 것이 아니면 다시 뱉어내게 되어 있다.

이 책을 한 번 읽고 끝내는 것이 아니라, 미국 주식 투자를 위한 '뉴스 활용법'으로 곁에 두고 필요할 때마다 다시 펼쳐보기를 권한다. 가끔 방향이 헷갈릴 때마다 뉴스 정리의 길잡이가 되어줄 것이다. 하루 30분, 뉴스를 정리하는 시간이 쌓여 여러분의 투자 인생이 더욱 단단하고 빛나게 되기를 진심으로 바란다.

시장을 읽는 셀프 체크리스트

시장은 하루에도 여러 번 모습을 바꾼다. 그 흐름을 제대로 읽으려면, 눈으로만 보는 것이 아니라 직접 점검하는 습관이 필요하다. 이 체크리스트는 말 그대로 내가 바라본 시장을 스스로 확인해보는 훈련이다. 최소 3개월 동안 꾸준히 반복해보자. 사실 3개월도 짧은 기간이다. 3개월은 결국 한 분기 실적 발표를 경험하는 기간이다. 그사이 다양한 경제지표와 이벤트도 경험할 것이다. 중요한 것은 시장의 스토리와 내가 느낀 시장의 흐름을 일기 쓰듯 기록하는 작업이다. 인사이트를 남겨야 한다는 얘기가 아니다.

어느 날은 막연하기도 하고, 어느 날은 무엇인가가 보이기도 하는 변화무쌍한 시장을 겪으며 내가 모르는 것이 무엇인지 명확하게 알아가는 과정이다. 그리고 다양한 기준을 통해 내가 느낀 시장의 모습을 적나라하게 적어보자. 결국 훌륭한 투자자는 하나하나의 경험을 허투루 넘기지 않고 배워 나가는 과정에서 배출되는 것이다. 아래의 체크리스트는 최소한의 매뉴얼이다. 그 밖에 본인이 중요하다고 생각하는 지표가 있다면 더 추가하면 된다.

1. 미국 대표 지수 흐름

- 다우존스:
- S&P500:
- 나스닥(종합) :
- 러셀2000 :
- 오늘 시장의 평가:

2. 매크로 및 경제지표 체크

- 연준 기준금리:
- 유가:
- 달러 인덱스:
- 원자재 :
- 암호화폐(비트코인/ 이더리움) :
- 물가 및 고용 지표:

3. 섹터 흐름

- 강세 섹터:

- 약세 섹터:
- 자금흐름(순환매 해석): 예) 기술 → 경기방어/ 소프트웨어 기술 주 → 하드웨어 기술주

4. 시장을 움직인 특정 주식과 이슈
- 구글: 예) 새로운 AI 모델 발표와 점유율 확대
- 테슬라: 예) 휴머노이드 옵티머스 판매 시작에 시장은 긍정적 반응

5. 중요 이벤트(월 단위)
- 중요 실적 발표 기업들:
- FOMC :
- 13F 공시:
- 글로벌 콘퍼런스: 예) 1월 - 다보스 포럼, CES, 3월 - 엔비디아 GTC 등

6. 투자 인사이트
- 오늘 시장의 특징(노이즈와 펀더멘털 구분 및 분석) :
- 나의 대응:
- 향후 전략과 그 이유: